W0083479

Schirner
Verlag

Christine Wunderlich

# Endlich
# RUHE
# im Kopf

## 55 EFFEKTIVE PRAXISÜBUNGEN
### zum Ausstieg aus dem
### gedanklichen Hamsterrad

Schirner Verlag

Wir verzichten auf das Einschweißen unserer Bücher – **UNSERER UMWELT ZULIEBE!**

ISBN 978-3-8434-1444-9

Christine Wunderlich:
Endlich Ruhe im Kopf
55 effektive Praxisübungen
zum Ausstieg aus dem
gedanklichen Hamsterrad
© 2020 Schirner Verlag,
Darmstadt

Umschlag: Simone Fleck, Schirner,
unter Verwendung von # 1462585865
(© Hanivhan), www.shutterstock.com
Layout: Elena Lebsack, Schirner
Lektorat: Bastian Rittinghaus, Schirner
Printed by: Ren Medien GmbH,
Germany

www.schirner.com

1. Auflage Juli 2020

# INHALT

Vorwort                                          8

## Grübeln und negatives Denken          11

Warum denken wir häufig so negativ?...............16
Welche Gedanken
belasten uns besonders?.................................17
Warum grübeln wir so gern?...........................18
Wie können wir uns das Grübeln
und negative Denkgewohnheiten
wieder abtrainieren?......................................20

## Gedankencheck                          25

# Achtsamkeit 35

Was ist Achtsamkeit, und wie können
wir sie üben?...........................................................37
Achtsamkeitsübungen ..............................................41

Atemmeditationen ..................................................42
Kurze Atemmeditationen für zwischendurch
mit Erinnerungssignalen............................................52
Achtsamkeit im Alltag................................................58
Die Sinne wahrnehmen und schulen ...........................68

# Notfallanker und Grübelunterbrecher 79

Was sind Grübelunterbrecher, und
was bewirken sie?....................................................81
To-do-Liste: Anti-Grübel-Aktivitäten....................82
Grübelunterbrecher-Übungen ..............................85

# Distanz herstellen 95

Was sind Distanzübungen,
und was bewirken sie?.............................................97
Distanzübungen.....................................................101

Distanz durch innere Bilder....................................106
Distanz durch Humor..............................................109
Distanz durch Schreiben.........................................112
Distanz durch Perspektivwechsel ............................115

# Routinen verlassen, um Denkgewohnheiten zu verändern 119

Übungen, um Gewohnheiten abzulegen.........121

Routinen verlassen.................................................121
Denkgewohnheiten verändern.................................124

## Gut für sich sorgen - einen Gegenpol zu negativen Gedanken aufbauen — 129

Selfcare-Übungen....................................... 132
    Dankbarkeit ........................................................132
    Wertschätzung .....................................................134
    Positive innere Haltung........................................137

## Übungen und Tipps bei Schlafstörungen — 141

Einschlafstörungen.................................... 143
Nächtliches Aufwachen/Durchschlafstörungen... 149
Tipps zur Schlafhygiene.............................. 151

## Nachwort — 154

## Literatur — 156

## Über die Autorin — 159

## Übungsverzeichnis — 161

## Bildnachweis — 168

# Vorwort

## LIEBE LESERIN, LIEBER LESER,

haben Sie häufig negative, sorgen- oder angstvolle Gedanken? Drehen sich Ihre Gedanken andauernd im Kreis? Können Sie abends nicht schlafen, weil Ihnen so viele Gedanken durch den Kopf gehen? Damit sind Sie nicht allein. In meiner Praxis für Psychotherapie und Coaching nach dem Heilpraktikergesetz und als Kursleiterin für Achtsamkeit und Stressbewältigung erlebe ich tagtäglich, wie Sorgen und Grübeln Menschen belasten und zu Stress und sogar Leid führen können. Immer wieder werde ich nach Möglichkeiten und vor allem Übungen gefragt, wie man sie loslassen und das Gedankenkarussell verlassen kann.

In diesem Buch habe ich diejenigen Übungen für Sie zusammengestellt, die für meine Klienten und Kursteilnehmer besonders hilfreich sind und sich im Alltag gut bewährt haben. Dabei ist eine große Anzahl verschiedener Methoden zusammengekommen. Sie müssen natürlich nicht alle Übungen durchführen, um gedanklich zur Ruhe zu kommen. Es geht vielmehr darum, Ihnen ein breites Spektrum mit unterschiedlichen Ansätzen vorzustellen, damit Sie ausprobieren können, welche Übungen die richtigen für Sie sind. Bitte denken Sie daran: Bei allem, was Sie neu erlernen möchten, sind etwas Geduld und Ausdauer gefragt. Führen Sie die Übungen, die Sie am meisten ansprechen, über mindestens 14 Tage hinweg regelmäßig durch. Jahre- oder jahrzehntelang antrainierte Denkgewohnheiten brauchen ihre Zeit, um sich dauerhaft zu verändern.

Ich wünsche Ihnen viel Erfolg und Freude mit den Übungen – und immer häufiger eine entspannte Ruhe im Kopf!

Ihre
**Christine Wunderlich**

# Grübeln und negatives Denken

»Das Leben eines Menschen ist das, was seine Gedanken daraus machen.«

*Marc Aurel*

Unser Verstand mit seinen gedanklichen und sprachlichen Möglichkeiten ist Segen und Fluch zugleich. Einerseits ist beeindruckend, wie viele Gedanken wir binnen Sekunden automatisch, bewusst und unbewusst, produzieren. Wie intensiv wir über etwas nachdenken, Zusammenhänge erkennen und Bewertungen vornehmen können. Andererseits können uns gerade diese vielen von selbst ablaufenden Überlegungen belasten. Insbesondere, wenn sie negativ sind und wir sie nicht mehr unter Kontrolle haben.

Lassen Sie Ihre
Gedanken nicht unbeaufsichtigt -
sie bestimmen, wie Sie
sich fühlen.

Für unser Wohlbefinden ist es daher außerordentlich wichtig, einen guten, gesunden Umgang mit Denkschleifen und Grübeleien zu finden.

Unsere Gedanken lösen unsere Gefühle und Reaktionen aus. Sie bestimmen, wie es uns geht.
Es sind immer unser Nachdenken und Bewerten einer Situation, die unser Befinden und unser Verhalten bestimmen, **nicht die Situation selbst.**

Das ist eine ganz wichtige Erkenntnis und gleichzeitig eine gute Nachricht: Den Umgang mit unseren Gedanken können wir selbst beeinflussen. Äußere Situationen und das Verhalten anderer Menschen nicht.

Wie stark unsere Gedanken und in der Folge unsere Worte Einfluss auf das Verhalten nehmen, zeigt die folgende kleine Geschichte sehr anschaulich.

## Die Fabel von den Fröschen

Eines Tages entschieden die Frösche, einen großen Kletterwettbewerb zu veranstalten. Dieses Kräftemessen sollte ganz außergewöhnlich sein, und deshalb hatten sie sich ein besonders schwieriges Ziel ausgesucht: Die teilnehmenden Frösche sollten auf den höchsten Punkt eines hohen, steilen Turmes hinauflaufen.

Endlich war es so weit: Es hatten sich viele Frösche versammelt, um zuzusehen, und der Wettlauf begann. Allerdings glaubte keiner im Publikum wirklich daran, dass die teilnehmenden Frösche das Ziel tatsächlich erreichen können. Statt die Läufer anzufeuern, riefen sie deshalb: »Oh je, die Armen! Sie werden es nie schaffen. Das ist einfach unmöglich!«

Und wirklich schien es so, als sollte das Publikum recht behalten. Nach und nach gaben immer mehr Frösche auf, und die Umstehenden schrien weiter: »Das ist einfach nicht zu schaffen, der Wettlauf ist viel zu schwierig!«

Schließlich hatten alle Frösche aufgegeben – alle bis auf einen, der unverdrossen an dem steilen Turm hinaufkletterte und als Einziger das Ziel erreichte. Die Zuschauer waren vollkommen verdattert. Alle wollten von ihm wissen, wie das möglich gewesen war. Als er wieder unten war, hüpften sie zu ihm hin und fragten, wie er es geschafft hatte, den Wettlauf zu gewinnen.

Und als sie keine Antwort von dem Gewinnerfrosch bekamen, merkten sie erst, dass dieser taub war.

# Warum denken wir häufig so negativ?

Wenn Sie sich einmal beobachten, werden Sie wahrscheinlich feststellen, dass sich Ihre Gedanken besonders häufig um Probleme drehen. Sie fragen sich z. B.: »Was hat er oder sie damit gemeint?«, oder: »Was muss ich alles unbedingt heute noch schaffen?« Und auch Gespräche und Interaktionen drehen sich häufig um Probleme: »Was läuft schief?«, oder: »Hast du schon gehört, was diesem oder jenem passiert ist?«

Diese Ausrichtung auf Probleme haben wir von unseren Vorfahren geerbt, sie ist sozusagen ein Relikt aus der Steinzeit. Evolutionsbiologisch betrachtet war sie sicher sinnvoll, denn für das Überleben war nicht der ungefährliche Normalzustand, sondern das besorgniserregende Problem, z. B. in Form eines Säbelzahntigers, relevant. Genauso wichtig war es auch, sich in Gedanken entweder mit der Vergangenheit zu beschäftigen, um aus überstandenen Gefahren zu lernen, oder die Zukunft zu planen, um das Überleben zu sichern. Auch in unserer heutigen Zeit ist es selbstverständlich sinnvoll, über Probleme nachzudenken, die Vergangenheit noch einmal Revue passieren zu lassen oder Pläne zu schmieden. Es kann jedoch zu einer großen Belastung werden, wenn diese Gedanken negativ, sorgen- und angstvoll sind und ein Ausstieg aus dem Gedankenkarussell kaum noch möglich ist: Die Stimmung sinkt, die Lebensfreude fehlt, der Stresspegel steigt, und die Gefahr, eine körperliche oder psychische Erkrankung zu entwickeln, erhöht sich deutlich.

# Welche Gedanken belasten uns besonders?

Gedanken sind natürlich sehr individuell. Trotzdem gibt es vier Gruppen von Gedanken, die besonders häufig vorkommen, sehr belastend wirken und unangenehme Gefühle auslösen:

- Selbstvorwürfe (»Ich bin aber auch zu blöd!«)
- Stressverstärkende Gedanken (»Ich muss mich beeilen, sonst …«)
- Gedanken über Recht und Unrecht (»Das ist so ungerecht!«)
- Sich-Sorgen-Machen (»Was er oder sie wohl über mich denkt?«)

Diese Gedankengruppen werden auch als »Fliegenfänger-Gedanken« bezeichnet, da es uns extrem schwerfällt oder auch gar nicht möglich ist, uns wieder von ihnen zu lösen, sobald wir einmal damit angefangen haben – wie eine Fliege, die an dem Klebestreifen festhängt. Dann sind wir im Grübelmodus gefangen.

# Warum grübeln wir so gern?

Grübeln ist eine Form des Nachdenkens über ein bestimmtes Problem oder auch mehrere Themen, ohne dabei zu einer Lösung zu gelangen.

Besonders häufige Grübelthemen sind die eigene Person, andere Menschen, Geschehnisse in der Vergangenheit oder mögliche Zukunftsereignisse. Wir stellen uns beispielsweise Fragen wie: »Warum musste das ausgerechnet wieder mir passieren?«, oder auch: »Warum ist die Welt dermaßen ungerecht?«

Aber genau auf diese Art von Fragen finden wir keine Antwort. Da wir es aber gewohnt sind, Antworten bzw. Lösungen in unserem Alltag zu finden, bleiben wir an den Themen hängen und suchen unermüdlich nach Antworten. Unser Gehirn arbeitet dabei auf Hochtouren. Da es aber zu keinem Ergebnis kommt, fühlen wir uns mit der Zeit niedergeschlagen und erschöpft bis hin zu einem

Gefühl der Ohnmacht. Und da wir diese unangenehmen Gefühle schnell loswerden oder am besten von vornherein vermeiden möchten, fangen wir wieder und wieder an, zu grübeln: Wir stecken im Gedankenkarussell fest.

Es gibt noch einen weiteren entscheidenden Grund, warum wir so gern grübeln: Je öfter ein Verhalten wiederholt wird, desto höher ist dessen Bekanntheit für unser Gehirn. Und alles, was bekannt ist, gefällt unserem Denkapparat. Es wird zur Routine, und wir empfinden eine Art von Vertrautheit, auch bei für uns schädlichen Beschäftigungen.

Wir können also festhalten: Grübeln ist eine vielfach eingeübte Denkgewohnheit, die ein Gefühl von Geborgenheit und Heimeligkeit gibt.

Grübeln und negative Gedanken haben sich zu einer **antrainierten** Denkgewohnheit entwickelt.
Diese können wir uns aber auch wieder **abtrainieren.**

# Wie können wir uns das Grübeln und negative Denkgewohnheiten wieder abtrainieren?

In der Regel versuchen wir, belastende negative Gedanken und daraus entstehende unangenehme Gefühle wie Angst, Wut, Trauer oder Minderwertigkeitsgefühle zu verdrängen oder uns davon abzulenken. Das ist eine ganz natürliche und menschliche Reaktion. Leider führt diese Reaktion jedoch selten zum gewünschten Erfolg: Die negativen Gedanken, Sorgen oder unangenehmen Gefühle holen uns immer wieder von Neuem ein. Der Grund dafür ist, dass sich Gedanken und auch Gefühle auf Dauer nicht willentlich unterdrücken lassen. Bekannte Beispiele dafür sind:

- Jemand sagt zu Ihnen: »Denken Sie jetzt nicht an einen rosa Elefanten. Geben Sie sich alle Mühe dabei, und denken Sie nicht an einen rosa Elefanten!«
  An was denken Sie dabei? Genau: Der rosa Elefant taucht in Gedanken vor Ihnen auf.
- Sie nehmen sich vor, in einer bestimmten Situation auf gar keinen Fall Angst zu haben. Was passiert? Sie bekommen Angst: nämlich Angst vor der Angst und sind daher ständig ängstlich.

Der Psychologe und Psychotherapeut Steven Hayes hat dieses Phänomen als die »Innenleben-Regel« beschrieben. Sie sagt aus, dass wir das, was in uns vorgeht, also unsere Gedanken, Gefühle und daraus resultierende körperliche Empfindungen, nicht willentlich unterdrücken können.

Gerade wenn wir eine bestimmte Sorge oder ein unangenehmes Gefühl nicht haben wollen, müssen wir immerzu daran denken. Oder das unangenehme Gefühl und die körperliche Empfindung breiten sich in uns aus. Nicht nur das, sie haben sogar die Tendenz, sich noch zu verstärken.

»**Innenleben-Regel**«: Gedanken und Gefühle, die wir zu unterdrücken versuchen, haben die Tendenz, zurückzukommen, zum Teil sogar noch stärker als vorher (»Rebound-Effekt«).

Deshalb benötigen wir andere Wege oder Hilfsmittel, um mit negativen Denkschleifen und dem Grübeln einen guten und gesunden Umgang zu finden – und endlich wieder Ruhe in unseren Kopf einziehen zu lassen.

Die Übungen in diesem Buch zeigen Ihnen viele verschiedene praxiserprobte Methoden dazu auf:

- Viele unserer Denkgewohnheiten sind in der Kindheit oder später in emotionalen Krisensituationen entstanden, und wir wenden sie in der Regel ungeprüft in unserem Alltag an. Im **Gedankencheck** können Sie durch hilfreiche Fragen herausfinden, ob Ihre belastenden negativen Gedanken tatsächlich der Realität entsprechen und in Ihrem Alltag noch hilfreich für Sie sind.

- **Achtsamkeitsübungen** haben zum Ziel, zunehmend im gegenwärtigen Moment anzukommen. Belastende Gedanken treten dabei in den Hintergrund. Darüber hinaus schulen Sie Ihre Konzentration und lernen, sich auf andere Dinge als negative Gedanken zu fokussieren.

- Die **Grübelunterbrecher** helfen Ihnen in akuten Situationen, sich sofort von negativen Gedanken zu lösen oder Denkschleifen zu unterbrechen. Sie sind eine Art Notfallanker für Sie.

- Mit den **Distanzübungen** stellen Sie einen inneren Abstand zu Ihren Gedanken her, um ihnen damit weniger Bedeutung beizumessen und emotional nicht mehr so leicht aufgewühlt zu werden.

- **Denkgewohnheiten und Routinen zu unterbrechen,** lernen Sie mit Übungen, in denen Sie gezielt neue Denk- und Verhaltensweisen ausprobieren.

- Im Kapitel **Gut für sich sorgen – einen Gegenpol zu negativen Gedanken aufbauen** bekommen Sie viele Anregungen, wie Sie einen fürsorglichen Umgang mit sich selbst pflegen können, um Ihre Resilienz zu stärken und zu mehr Zufriedenheit und Gelassenheit zu finden.

- Sollten Sie unter **Schlafstörungen** leiden, weil Ihre Gedanken auch abends oder nachts nicht zur Ruhe kommen, finden Sie spezielle Übungen und Tipps, die Ihnen einen erholsamen Schlaf ermöglichen.

# Gedankencheck

# »An sich ist nichts weder gut noch böse, das Denken macht es erst dazu.«

*William Shakespeare*

Viele uns belastende Gedanken und Denkgewohnheiten sind bereits in unserer Kindheit entstanden. Wir behalten sie, meist unbewusst, auch als Erwachsene bei, stellen sie nicht infrage und handeln häufig sogar nach ihnen. Dies gilt insbesondere für Situationen, in denen es uns emotional nicht gut geht oder wir gestresst sind: Wir denken, fühlen und verhalten uns wie damals als Kind.

Natürlich können belastende Gedanken auch später noch entstehen, z. B., wenn wir mit einschneidenden Erlebnissen oder Krisensituationen konfrontiert sind.

**Stellen Sie Ihre
Gedanken infrage!**

Diese Denkgewohnheiten haben eine Gemeinsamkeit: Sie entsprechen häufig nicht mehr der Realität und schaden uns in vielen Fällen sogar. Nämlich dann, wenn wir Denkgewohnheiten aus der Kindheit oder Erfahrungen aus Krisensituationen ungeprüft und automatisch in unserem Alltag anwenden.

Es ist deshalb sehr hilfreich, belastende Gedanken durch die folgenden Fragen zu überprüfen.

**Ein Tipp vorweg:** Schreiben Sie den negativen, belastenden Gedanken oder Satz vorher auf. Dadurch fällt die Beantwortung leichter.

Gedanke/Satz, den ich überprüfen möchte:

_____

_____

Die folgenden Übungen enthalten Beispielfragen. Beantworten Sie einfach die Fragen, die Ihnen für Sie am passendsten erscheinen.

# Realitätscheck

- Woher weiß ich das?
- Wie wahrscheinlich ist es, dass …?
- Welche Beweise habe ich dafür?
- Was kann ich tun, um die Beweise zu bekommen?
- Was spricht dafür?
- Was spricht dagegen?

# Kosten-Nutzen-Analyse

- Wobei hilft mir dieser Gedanke?
- Hilft mir dieser Gedanke, mich so zu fühlen/zu verhalten, wie ich es möchte?
- Hilft es mir, dauernd an die möglichen Folgen zu denken?
- Was gewinne ich, wenn ich diesen Gedanken beibehalte?
- Worin behindert mich dieser Gedanke?

# Katastrophencheck

- Übertreibe ich?
- Nehme ich den schlimmstmöglichen Ausgang an?
- Ist es wirklich nicht aushaltbar, furchtbar oder katastrophal?
- Oder ginge das Leben trotzdem weiter?

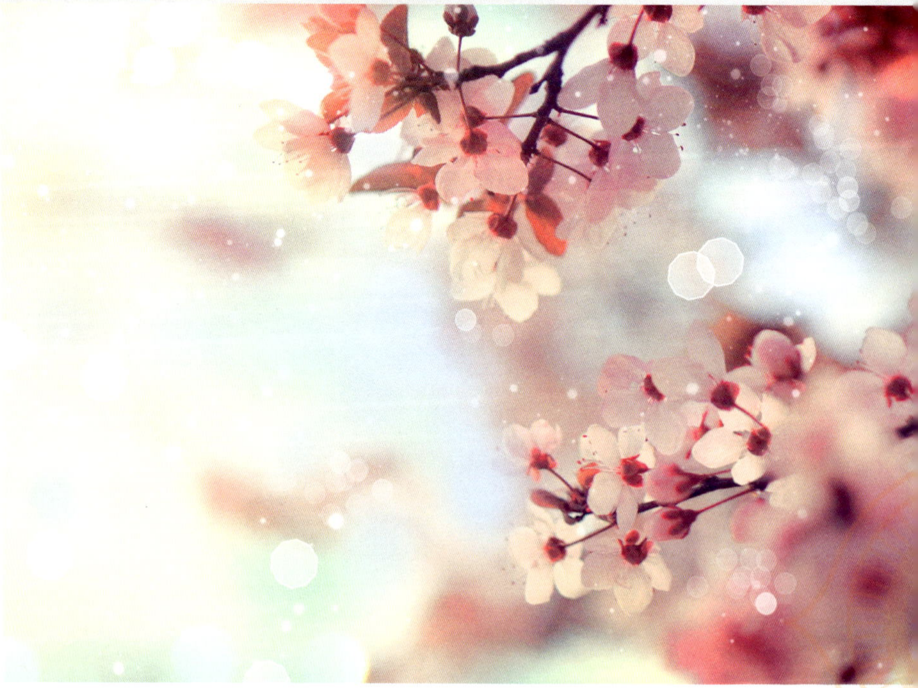

# Befürchtungen konsequent zu Ende denken

- Was könnte schlimmstenfalls passieren?
- Und dann?
- Was würde das für mich bedeuten?

## Rollenwechsel

- Was würden Menschen, die ich sehr schätze, in meiner Lage denken?
- Was würde ein guter Freund/eine gute Freundin zu meiner Situation sagen?
- Was würde ich einem guten Freund/einer guten Freundin raten, der/die diesen Gedanken oder diese Meinung hat?

## Magisches Denken

- Habe ich hellseherische Fähigkeiten, da ich denke, ich könnte die Zukunft voraussagen?
- Kann ich Gedanken lesen, da ich Vermutungen darüber anstelle, was andere Leute denken?

Mit dem Gedankencheck können Sie herausfinden, ob Ihre negativen Gedanken tatsächlich der Realität entsprechen und in Ihrem Alltag noch hilfreich oder eher belastend für Sie sind.
**Konsequentes Hinterfragen** nimmt vielen Gedanken ihren Schrecken und führt damit zu Erleichterung und innerer Ruhe.

# Achtsamkeit

»Achtsamkeit bedeutet, ganz in die Gegenwart zu kommen, ohne Anspruch, ohne Erwartungen und ohne Konzepte. Wir interpretieren nicht, greifen nicht ein, bestimmen nicht und nehmen keinen Einfluss.«

*Sandy Taikyu Kuhn Shimu*

# Was ist Achtsamkeit, und wie können wir sie üben?

Das Prinzip der Achtsamkeit stammt ursprünglich aus dem Buddhismus und hat somit eine über 2500-jährige Tradition. Achtsamkeit als sehr effektive Möglichkeit, einen guten Umgang mit negativen Gedanken und dadurch zu mehr Gelassenheit und Zufriedenheit zu finden, ist jedoch frei von religiösen und spirituellen Inhalten.

- Der erste Kernpunkt der Achtsamkeit ist **die Präsenz.** Sie zu entwickeln, bedeutet, mit der Aufmerksamkeit und den Gedanken bewusst im gegenwärtigen Moment zu sein, bei dem, was jetzt gerade ist oder was wir gerade machen. Dadurch treten belastende, grüblerische oder sorgenvolle Gedanken über die Vergangenheit oder die Zukunft in den Hintergrund. Was für eine Wohltat!

Nicht in Gedanken bei Gewesenem oder schon zwei Schritte voraus zu sein, führt insgesamt zu mehr Gelassenheit und Lebensfreude.

- Je mehr wir mit unserer Aufmerksamkeit und unseren Gedanken im gegenwärtigen Moment sind, desto aufmerksamer werden wir: Wir können die kleinen schönen Dinge in unserem Alltag bewusster wahrnehmen und den Augenblick genießen, wenn wir nicht mehr so fokussiert auf unsere negativen Gedanken sind. Der zweite entscheidende Punkt ist also **die Aufmerksamkeit.** Dies gilt nicht nur für die Dinge im Außen, sondern auch für die im Inneren im Sinne einer aufmerksamen Selbstbeobachtung: »Was denke und fühle ich gerade?« Diese Frage ist hilfreich, um die eigenen Gedanken, die häufig unbewusst sind, besser wahrnehmen und letztlich auch loslassen zu können.

- Der dritte wichtige Punkt ist die Wahrnehmung des jetzigen Moments, ohne ihn automatisch zu bewerten. Da wir mit unseren gedanklichen Bewertungen unsere Gefühle und Verhaltensweisen auslösen, unterstützt uns **eine neutrale Haltung** dabei, ruhig und gelassen zu bleiben und Situationen auch einmal aus einem anderen Blickwinkel zu betrachten.

Die Grundübung der Achtsamkeit ist die Meditation. Meditieren bedeutet, einfach ausgedrückt, sich zu sammeln oder sich zu konzentrieren. Dabei gehen wir nach innen und fokussieren unsere abschweifende Aufmerksamkeit immer wieder auf ein bestimmtes Objekt, z. B. unseren Atem oder ein bestimmtes Wort. Das fällt uns nicht leicht, weil unsere Aufmerksamkeit von Natur aus sehr unruhig ist und alles um uns herum mitbekommen will. Deshalb wiederholen wir in der Meditation das Zurückholen unserer Aufmerksamkeit immer und immer wieder.

Aufgrund der vielen Wiederholungen vergleiche ich die Meditation auch gern mit einem mentalen Training. Wir stärken, bildlich gesprochen, unseren »Aufmerksamkeitsmuskel«, und mit etwas Training gelingt es uns immer besser, uns auf das ausgesuchte Objekt zu konzentrieren.

Die grundlegende positive Auswirkung der Meditation ist, dass unsere Gedanken zur Ruhe kommen, wenn wir unsere Aufmerksamkeit bündeln. Wir entspannen mental, und es wird stiller in uns. Gleichzeitig schulen wir unsere Konzentration und lernen immer besser, uns auf andere Dinge als unsere Gedanken zu fokussieren. Wenn wir konzentriert sind und unsere ganze Aufmerksamkeit auf das ausgewählte Objekt gerichtet haben, befinden wir uns im gegenwärtigen Moment, im Hier und Jetzt.

Meditation bedeutet aber nicht nur, still zu sitzen und nach innen zu gehen. Auch jede Alltagstätigkeit, die Sie mit Ihrer ganzen Aufmerksamkeit und Konzentration durchführen, ohne sich ablenken zu lassen, ist eine meditative Übung.

# Achtsamkeitsübungen

Achtsamkeitsübungen haben zum Ziel, dass Sie immer mehr im gegenwärtigen Moment ankommen, belastende Gedanken treten dabei in den Hintergrund. Darüber hinaus schulen sie Ihre Fähigkeit, selbst zu bestimmen, worauf Sie Ihre Aufmerksamkeit richten.

»Durch Achtsamkeit wird der Mensch der Kostbarkeit jeden Augenblicks gewahr, und achtsam leben hilft ihm dabei, auch schwierige Situationen zu meistern und gestärkt aus ihnen hervorzugehen.«

*Sandy Taikyu Kuhn Shimu*

Die folgenden Übungen unterstützen Sie dabei, Vergangenheit und Zukunft auszublenden und das Grübelkarussell anzuhalten. Das führt zu innerer Ruhe, Ausgeglichenheit und mehr Zufriedenheit.

## ATEMMEDITATIONEN

Das Objekt, auf das wir unsere Aufmerksamkeit in der Meditation fokussieren, ist traditionell der Atem. Das ist sehr praktisch, denn den Atem haben wir immer dabei, und wir brauchen keine weiteren Hilfsmittel. Meditationslehrer sagen auch gern: »Wer atmet, kann auch meditieren.«
Atemmeditationen haben noch einen weiteren positiven Effekt: Neben den Gedanken beruhigt sich auch unser vegetatives Nervensystem. Wir entspannen uns also nicht nur mental, sondern auch körperlich.

## Atem-Ankerpunkt finden

In dieser Meditation können Sie herausfinden, an welchen Stellen im Körper Sie Ihren Atem am besten spüren. Das kann beispielsweise in der Nase, im Brust- oder Bauchraum oder in den Schultern sein, die sich beim Atmen heben und senken.

Nehmen Sie eine bequeme, aber aufrechte Sitzposition ein. Sie können sich dabei vorstellen, wie Ihr Kopf von einer unsichtbaren Schnur nach oben gezogen wird. Ihre äußere Haltung wird sich auf Ihre innere Haltung übertragen.

Schließen Sie sanft Ihre Augen. Wenn Ihnen das unangenehm sein sollte, richten Sie Ihren Blick entspannt auf den Boden ca. einen Meter vor Ihnen.

Lassen Sie Ihre Gesichtszüge ganz weich werden, lösen Sie eventuell vorhandene Spannungen im Nacken und in den Schultern.

Erinnern Sie sich daran, sich selbst mit einer freundlichen, wohlwollenden und annehmenden inneren Haltung zu begegnen. Wenn Sie möchten, schenken Sie sich ein inneres Lächeln.

Urteilen Sie nicht, kritisieren Sie sich nicht, und denken Sie nicht darüber nach, ob Sie diese Meditation richtig oder falsch machen: Es gibt bei der Meditation keine Fehler.

Nehmen Sie nun Kontakt mit Ihrem Atem auf: Atmen Sie durch die Nase ein und langsam wieder aus. Beobachten Sie, wie jeder Luftzug sanft in Ihren Körper hereinströmt und ihn behutsam wieder verlässt.

Nun lade ich Sie ein, Ihren Atem genauer zu erforschen: An welchen Stellen in Ihrem Körper können Sie ihn am besten spüren?

- An den **Naseneingängen?** Oder **in der Nase?** Vielleicht nehmen Sie wahr, wie ein kühler Luftstrom in Ihre Nase hereinfließt und beim Ausatmen erwärmt wieder hinausströmt.
- In Ihrem **Brustraum,** der sich beim Einatmen weitet und beim Ausatmen wieder senkt? Sie können zur Unterstützung Ihre Hände auf den Brustkorb legen, um die Bewegung gut zu spüren.
- Im **Bauch,** der sich beim Einatmen sanft nach vorn wölbt und beim Ausatmen wieder leicht einzieht? Sie können zur Unterstützung Ihre Hände auf den Bauch legen.
- In den **Schultern,** die sich beim Einatmen leicht heben und beim Ausatmen wieder senken?

Fühlen Sie in jede Stelle im Körper hinein, und entscheiden Sie sich dann für diejenige, an der es Ihnen leichtfällt, den Atem zu fühlen. Verankern Sie dort Ihre Aufmerksamkeit.

Richten Sie bewusst Ihre volle Aufmerksamkeit freundlich und wohlwollend auf das Empfinden des Atems an Ihrem bevorzugten Atempunkt, und beginnen Sie, zu fühlen, wie er dort vorbeiströmt, sich der Bereich ausdehnt und zusammenzieht oder hebt und senkt.

Versuchen Sie, die Kontrolle über den Atem loszulassen: Erlauben Sie ihm einfach, ein- und auszuströmen, wie er das möchte. Vertrauen Sie auf die Weisheit Ihres Körpers. Er weiß selbst genau, wie er richtig atmet. Beobachten Sie den Atem einfach nur, statt ihn zu steuern.

Nehmen Sie wahr, wenn Ihre Aufmerksamkeit abschweift und Ihre Gedanken zu wandern beginnen, Sie anfangen, nachzudenken, zu planen oder zu träumen. Das ist ganz normal. Bringen Sie Ihre Aufmerksamkeit, sobald Sie dies bemerken, einfach wieder zurück zum Fühlen des Atems an Ihrem Atempunkt.

Wenden Sie sich immer wieder freundlich, aber entschieden von Ihren Gedanken ab, so, als würden Sie innerlich auf dem Absatz kehrtmachen.

Erlauben Sie Ihrem Geist, auf dem Atem zur Ruhe zu kommen und sich eine Pause vom vielen Planen und Grübeln zu gönnen. Er darf sich auf dem Atem niederlassen und entspannen, wie auf einer Insel mitten im stets aufgewühlten Ozean der Gedanken.
Und denken Sie daran, dass Ihr Atem als Anker immer für Sie da ist, wenn Sie ihn brauchen.

Stellen Sie sich nun darauf ein, die Übung langsam zu beenden. Nehmen Sie einen tiefen Atemzug, recken und strecken Sie sich ein bisschen. Öffnen Sie behutsam die Augen, und kommen Sie wieder in Ihrem Raum an.

Es ist sehr hilfreich, die Stelle im Körper zu kennen, an der Sie Ihren Atem am besten spüren.

Denn diese Stelle können Sie zukünftig als **Fixpunkt oder Anker für Ihre Aufmerksamkeit** nutzen, um sich von negativen oder belastenden Gedanken zu lösen.

**Hinweis:** Die vollständige Atemmeditation, gesprochen von mir, finden Sie auch auf der CD »Stressbewältigung durch Achtsamkeit in 6 Schritten«, erhältlich über meine Homepage: www.christine-wunderlich-coaching.de.

Gerade wenn wir im Stress sind und unser Geist sehr unruhig ist, kann es anfangs schwierig sein, sich nur über den Ankerpunkt im Körper auf den Atem zu konzentrieren. Deshalb gibt es zusätzliche Hilfsmittel, mit denen Sie Ihre Konzentration unterstützen können. Sie beschäftigen dabei den Geist mit etwas anderem, man nennt das im Achtsamkeitstraining auch eine »geistige Notiz«. Versuchen Sie, die folgenden Übungen anfangs fünf Minuten durchzuführen, und steigern Sie nach und nach die Übungszeit.

# Atemzüge benennen

### Variante 1

Beim Einatmen sagen Sie sich gedanklich das Wort »ein«.
Beim Ausatmen sagen Sie sich gedanklich das Wort »aus«.

### Variante 2

Beim Einatmen sagen Sie sich gedanklich den Satz: »Ich atme ein.«
Beim Ausatmen sagen Sie sich gedanklich den Satz: »Ich atme aus.«

## Atemzüge zählen

Zählen Sie gedanklich Ihre Atemzüge:

Beim Einatmen sagen Sie sich gedanklich: »Eins.«
Beim Ausatmen sagen Sie sich gedanklich: »Zwei.«
Beim Einatmen sagen Sie sich gedanklich: »Drei.«
Beim Ausatmen sagen Sie sich gedanklich: »Vier.«
Usw., bis Sie bei »zehn« angelangt sind. Dann beginnen Sie wieder von vorn.

**Wichtig:** Wenn Sie vor Erreichen der »zehn« durch Ihre Gedanken abgelenkt werden, beginnen Sie bitte wieder von vorn bei »eins«.

# Atemzüge benennen und zählen

## Variante 1

Diese »geistige Notiz« ist eine Kombination aus den ersten beiden Übungen: Beim Einatmen zählen Sie, und beim Ausatmen benennen Sie die Atemzüge:

Beim Einatmen sagen Sie sich gedanklich: »Eins.«
Beim Ausatmen sagen Sie sich gedanklich: »Aus.«
Beim Einatmen sagen Sie sich gedanklich: »Zwei.«
Beim Ausatmen sagen Sie sich gedanklich: »Aus.«
Usw., bis Sie bei »zehn« angelangt sind.

## Variante 2

Probieren Sie die Übung auch einmal anders herum: Beim Einatmen benennen Sie Ihre Atemzüge (»ein«), und beim Ausatmen zählen Sie sie (»eins« …).

# Atemzüge mit einem persönlichen Mantra begleiten

Mit einem persönlichen Mantra (Silbe, Wort oder Satz, der wiederholt wird) können Sie sich zusätzlich auf eine bestimmte innere Haltung ausrichten. Wählen Sie dazu einfach einen kurzen Satz, der in Ihrer gegenwärtigen Situation am besten zu Ihnen passt, und verbinden Sie ihn mit Ihrer Atmung.

Beispiele:

»Ich bin ganz ruhig.«
- Beim Einatmen sagen Sie sich gedanklich: »Ich bin …«
- Beim Ausatmen sagen Sie sich gedanklich: »… ganz ruhig.«

»Ich lasse los.«
- Beim Einatmen sagen Sie sich gedanklich: »Ich lasse …«
- Beim Ausatmen sagen Sie sich gedanklich: »… los.«

»Danke für diesen Moment!«
- Beim Einatmen sagen Sie sich gedanklich: »Danke …«
- Beim Ausatmen sagen Sie sich gedanklich: »… für diesen Moment!«

Eine »geistige Notiz« für Ihre Atemzüge ist ein sehr effektives Hilfsmittel, um Ihre Aufmerksamkeit auf Ihren Atem zu fokussieren –
insbesondere, wenn Ihre Gedanken sehr unruhig sind und es Ihnen
schwerfällt, sich von ihnen zu lösen.
Diese Übungen haben sich auch als Einschlafhilfe bewährt.

## KURZE ATEMMEDITATIONEN FÜR ZWISCHENDURCH MIT ERINNERUNGSSIGNALEN

Ihren »Aufmerksamkeitsmuskel« können Sie auch zwischendurch trainieren. Dazu reichen bereits drei bewusste Atemzüge, bei denen Sie Ihre ganze Aufmerksamkeit auf Ihren Atem-Ankerpunkt im Körper (siehe Seite 43) richten und sich, wenn Sie möchten, zusätzlich eine »geistige Notiz« (siehe ab Seite 47) machen. Damit Sie einen Trainingseffekt spüren, sollten Sie diese Kurzmeditation möglichst häufig durchführen. Es hat sich bewährt, sich dafür Erinnerungssignale zu setzen.

**ÜBUNG**

## Ampelmeditation

Nutzen Sie alle roten Ampeln, an denen Sie anhalten müssen, als Signal für eine kurze Atemmeditation. Anstatt sich innerlich anzuspannen oder zu ärgern, nutzen Sie die Wartezeit für drei bewusste Atemzüge:

Gehen Sie mit Ihrer Aufmerksamkeit nach innen zu Ihrem Atem-Ankerpunkt, und atmen Sie bewusst ein und aus.

Wenn Sie möchten, nutzen Sie zusätzlich eine »geistige Notiz«, benennen Sie z. B. Ihre Atemzüge mit »ein« und »aus«, oder sagen Sie sich beim Einatmen »Ich bin« und beim Ausatmen »ganz ruhig«.

# Telefonmeditation

Bei dieser Übung erinnert Sie das Klingeln Ihres Telefons an Ihre kurze Atemmeditation.

Wenn Ihr Telefon oder Handy klingelt, halten Sie kurz inne und gehen für drei bewusste Atemzüge nach innen. Nehmen Sie erst danach das Telefonat an.

Nehmen Sie achtsam wahr, ob Sie während des Telefonats entspannter als üblich sind und dies auch bei Ihrem Gesprächspartner ankommt.

Weitere mögliche Erinnerungssignale für Ihre kurzen Atemmeditationen:

- bevor Sie eine E-Mail öffnen
- bevor Sie eine E-Mail versenden
- wenn Sie einen Raum betreten
- wenn Sie die Kirchenglocken hören
- stündlicher Erinnerungswecker auf Ihrem Handy

Mit regelmäßigen kurzen Atemmeditationen trainieren Sie, Ihre Aufmerksamkeit weg von ablenkenden, vielleicht auch belastenden negativen Gedanken auf den gegenwärtigen Moment zu richten. Nebenbei entspannen Sie sich körperlich und mental.

# Gehmeditation mit Zählen

Kurze Atemmeditationen mit Zählen (siehe Seite 48) können Sie auch mit dem Gehen verbinden. Nutzen Sie dafür möglichst viele kurze Wege, die Sie täglich zurücklegen, z. B. die Treppe, den Weg zum Auto oder Bus, den Weg zum Drucker, zur Toilette, in ein anderes Büro oder Zimmer.

Zählen Sie dabei jeweils Ihre Schritte während des Einatmens und während des Ausatmens. Beim Einatmen: »1, 2, 3 …«, beim Ausatmen: »1, 2, 3, 4, 5 …«.
Beim Ausatmen sind es in der Regel mehr Schritte als beim Einatmen.

Versuchen Sie, so lange zu zählen, bis Sie an Ihrem Ziel angekommen sind.

Belastende, negative oder unruhige Gedanken werden durch das Zählen während der Bewegung unterbrochen – Ihr Gedankenkarussell kommt zur Ruhe.

# Kurzmeditation »Achtsame Pause«

Die »achtsame Pause« hat ein bisschen etwas von einer Kaffeepause – sie gibt Ihnen die Möglichkeit, eine kurze Auszeit zu nehmen, ein wenig zu entspannen und die Seele baumeln zu lassen. Aber Sie können mit ihr auch herausfinden, welche Gedanken und Gefühle sich gerade zeigen.

Lenken Sie die Aufmerksamkeit nach innen (Was denken Sie gerade? Wie ist Ihre Gefühlslage? Was können Sie in Ihrem Körper wahrnehmen?).

Lenken Sie die Aufmerksamkeit auf den Atem. Nehmen Sie ihn für einige Atemzüge bewusst wahr.

Lenken Sie die Aufmerksamkeit nach außen. Erweitern Sie Ihre Achtsamkeit auf den Raum, in dem Sie sich befinden (Welche Geräusche nehmen Sie wahr? Wie fühlt sich der Stuhl an, auf dem Sie sitzen?).

Um einen guten Trainingseffekt zu erzielen, führen Sie die Übung möglichst dreimal täglich durch.

Sie trainieren Ihren »Aufmerksamkeitsmuskel«, indem Sie Ihre Aufmerksamkeit bewusst lenken: nach innen, auf den Atem und nach außen. Sie lernen, immer besser bei sich bleiben zu können und eine **Distanz zu äußeren Reizen** herzustellen, die negative Denkschleifen häufig noch verstärken.

## ACHTSAMKEIT IM ALLTAG

Sie können Achtsamkeit und mentales Training nicht nur in Meditationen, sondern auch in Ihrem Alltag ganz einfach üben. Denn jede Alltagstätigkeit, die Sie mit Ihrer ganzen Aufmerksamkeit und Konzentration durchführen, ohne abgelenkt zu sein, ist eine meditative Übung. Auch hierbei entwickeln Sie die Fähigkeit, Ihre ganze Aufmerksamkeit auf den gegenwärtigen Moment zu richten.

ÜBUNG

## Achtsamer Tagesbeginn

Kennen Sie das? Bereits beim ersten Weckerklingeln fangen die Gedanken an, zu rattern: »Was muss ich heute noch tun? Wie soll ich das alles schaffen?« Die Sorgen beginnen, zu kreisen, und Sie fühlen sich schon am Morgen erschöpft und gestresst. Damit sich diese negativen Denkschleifen nicht noch weiter ausbreiten und verselbstständigen, ist es sehr hilfreich, den Tag achtsam und mit einer mentalen Übung zu beginnen.

Stellen Sie Ihren Wecker fünf Minuten früher als üblich, und gönnen Sie sich diese Zeit für einen achtsamen Tagesbeginn.

Nehmen Sie wahr, welche Gedanken Ihnen direkt nach dem Aufwachen durch den Kopf gehen. Vielleicht sind es negative Gedanken, die Ihnen den Start in den Tag schwer machen?
Nehmen Sie die Gedanken einfach nur wahr, ohne näher auf sie einzugehen.

Entscheiden Sie sich dann für eine Alltagstätigkeit, die Sie nach dem Aufstehen bewusst und achtsam durchführen werden, d. h. mit Ihrer ganzen Aufmerksamkeit und Konzentration, ohne Ihre Gedanken ablenken zu lassen (z. B. Zähneputzen, Duschen, Kaffeetrinken, Frühstücken).

Es ist nicht leicht, sich komplett auf die Tätigkeit zu fokussieren. Die Gedanken werden doch wieder zum bevorstehenden Tag oder zum nächsten Punkt Ihrer Morgenroutine wandern. Das ist völlig normal! Nehmen Sie dies einfach nur wahr, und kehren Sie anschließend mit Ihrer Aufmerksamkeit immer wieder zu Ihrer momentanen Tätigkeit zurück.

Anstatt sich von Ihren Gedanken (unbewusst) beeinflussen zu lassen, bemerken Sie, **dass Sie eine Wahl haben,** wie Sie den Tag beginnen möchten. Jeder anbrechende Tag ist einzigartig.
Mit der achtsam und konzentriert durchgeführten morgendlichen Alltagstätigkeit üben Sie, Ihre Aufmerksamkeit zu fokussieren: weg von ablenkenden Gedanken auf den gegenwärtigen Moment.

## Tue, was du tust

Gerade bei Tätigkeiten, die Sie routiniert und wie von selbst ausführen, fangen die Gedanken gern an, zu wandern. Nutzen Sie deshalb Alltagsaufgaben, um immer wieder präsent im jetzigen Augenblick zu werden und gedanklich zur Ruhe zu kommen. Gerade bei diesen Routineverrichtungen können Sie Ihren »Aufmerksamkeitsmuskel« besonders gut stärken.

Richten Sie Ihre ganze Aufmerksamkeit und Konzentration auf das, was Sie gerade tun, z. B.:

- Wäschebügeln
- Staubsaugen
- Kochen
- Zähneputzen
- Autowaschen
- Gartenarbeit

Wenn Sie möchten, können Sie sich als kleine Eselsbrücke immer wieder den Satz sagen: »Ich tue, was ich tue, nämlich …«

Zur Unterstützung der Aufmerksamkeit und gedanklichen Beschäftigung ist es hilfreich, zusätzlich auf die Sinneswahrnehmungen zu achten und diese zu beschreiben, z. B.:

- Wie glatt fühlt sich die Wäsche an?
- Welches Geräusch macht der Staubsauger?
- Wie riechen die Tomaten?
- Wie schmeckt die Zahnpasta?
- Wie riecht das Putzmittel?
- Wie sehen die Blumen aus?

Sie üben, Ihre Aufmerksamkeit weg von ablenkenden, vielleicht auch belastenden Gedanken immer wieder auf den gegenwärtigen Moment zu richten.

Häufig ungeliebte Alltagstätigkeiten bekommen eine andere Qualität, wenn Sie sie als Übung der Achtsamkeit und Schulung Ihrer Konzentration nutzen.

## Achtsamkeit im Supermarkt

Nutzen Sie die Warteschlange an der Kasse im Supermarkt als Möglichkeit zur Achtsamkeitsschulung und zur bewussten Unterbrechung Ihres Gedankenkarussells.

### Variante 1

Nehmen Sie Ihre Körperhaltung wahr: Gerader oder krummer Rücken? Gerade oder hängende Schultern? Angespannt oder entspannt?

### Variante 2

Richten Sie Ihre Aufmerksamkeit auf Ihren Atem, und sagen Sie sich beim Einatmen »ein« und beim Ausatmen »aus« – bleiben Sie für einige Augenblicke bei der bewussten Wahrnehmung Ihres Atems.

### Variante 3

Nehmen Sie achtsam Ihre Umgebung wahr: Was können Sie sehen, hören, riechen?

Anstatt beim Warten möglicherweise ungeduldig zu werden, üben Sie sich in Achtsamkeit:

Sie sind **präsent im gegenwärtigen Moment,** bei sich oder bei Ihrer Atmung oder bewusst bei Ihrer Umgebung.

Gleichzeitig unterbrechen Sie mögliche negative Gedanken.

# Die Umgebung beschreiben

Gerade an Orten, an denen selten etwas Interessantes oder Neues passiert (z. B. in öffentlichen Verkehrsmitteln, im Wartezimmer, an der Bushaltestelle, im Stau), kreisen unsere Gedanken leicht um das, was bisher passiert ist oder was später am Tag noch alles anliegt.

Mit dieser Übung können Sie ganz einfach Ihr Gedankenkarussell unterbrechen und sind sofort im gegenwärtigen Moment präsent.

Sehen Sie sich da, wo Sie gerade sind, genau um, und beschreiben Sie diesen Ort, als hätten Sie ihn noch nie gesehen. Nutzen Sie dabei, wenn möglich, alle Ihre Sinne, und beantworten Sie z. B. die folgenden Fragen:

- Welche Gegenstände können Sie sehen und beschreiben?
- Welche anderen Menschen können Sie sehen und beschreiben?
- Welche Geräusche können Sie wahrnehmen und beschreiben?
- Wie ist die Temperatur? Ist es warm oder kalt?
- Gibt es Gerüche, die Sie wahrnehmen können?

Sie können sich zusätzlich vorstellen, Sie hätten einen blinden Begleiter an Ihrer Seite, dem Sie die Umgebung, in der Sie sich befinden, genau beschreiben.

Sie kommen mit Ihrer Aufmerksamkeit sofort in den gegenwärtigen Moment. Negative, vielleicht auch sorgenvolle Gedanken treten in den Hintergrund, das Grübelkarussell wird gestoppt.

Die Übung hat sich auch als sehr hilfreich zur Vorbereitung auf stressige oder angstbesetzte Situationen bewährt, z. B. vor schwierigen Besprechungen oder im Wartezimmer beim Arzt.

## Achtsame Wege

Wir gehen jeden Tag verschiedene Wege, die wir schon nicht mehr wahrnehmen, weil sie Teil unserer Routine sind.

Nutzen Sie einen täglichen, für Sie üblichen Weg für eine kurze Gehmeditation, z. B.:

- zum Auto
- zur U-Bahn
- zum Supermarkt
- vom Parkplatz ins Büro
- von der Haltestelle nach Hause
- zum Kopierer
- zur Toilette

Gehen Sie diesen Weg achtsam und bewusst. Seien Sie mit Ihrer ganzen Aufmerksamkeit und Konzentration dabei, und beantworten Sie z. B. die folgenden Fragen:

- Wie fühlen sich Ihre Füße an?
- Wie fühlt sich der Boden an, auf dem Sie gehen?
- Wie ist Ihre Körperhaltung beim Gehen?
- Was sehen, hören, riechen Sie in der Umgebung?

Sie üben, präsent im gegenwärtigen Moment zu sein. Sie trainieren dabei Ihren »Aufmerksamkeitsmuskel« und Ihre Konzentration. Gleichzeitig treten belastende Gedanken in den Hintergrund, und Sie steigen aus dem Grübelkarussell aus.

## DIE SINNE WAHRNEHMEN UND SCHULEN

Sicherlich konnten Sie schon bei den Achtsamkeitsübungen im Alltag feststellen, wie hilfreich es für die Fokussierung der Aufmerksamkeit ist, auf die Sinneswahrnehmungen zu achten. Die Wahrnehmung unserer Sinne führt uns nämlich immer sofort in den gegenwärtigen Moment. Hören, Sehen, Riechen, Schmecken und Fühlen gehen immer nur im Hier und Jetzt.

Dazu ein kleines Beispiel: Sie waren gestern in einer Parfümerie und haben ein Eau de Toilette gerochen, das Ihnen sehr gut gefallen hat. Sie können sich heute noch an den Geruch erinnern und ihn beschreiben. Den Geruch selbst, die Sinneswahrnehmung, haben Sie aber nicht mehr in der Nase. Das ist immer nur im gegenwärtigen Moment möglich.

# Drei Dinge

Diese Kurzübung hilft Ihnen, sofort präsent und gegenwärtig zu sein und negative Gedanken zu unterbrechen.

Achten Sie auf drei Dinge, die Sie in Ihrer unmittelbaren Umgebung sehen, und benennen Sie diese in Gedanken, z. B.: »Ich sehe einen Baum vor meinem Fenster.«

Wechseln Sie zu drei Dingen, die Sie hören, z. B.: »Ich höre ein Auto vorbeifahren.«

Abschließend wechseln Sie zu drei Dingen, die Sie spüren, z. B.: »Ich spüre das weiche Stuhlkissen, auf dem ich sitze.«

Die Fokussierung auf Ihre Sinneswahrnehmungen verbindet Sie sofort mit dem gegenwärtigen Moment. Sie nehmen mehr aus Ihrer Umgebung wahr. Gleichzeitig treten belastende Gedanken dabei in den Hintergrund.

# Achtsamer Spaziergang in der Natur

Gerade die Natur hält viele Überraschungen für unsere Sinne bereit, die wir meist gar nicht bewusst bemerken. Planen Sie Zeit für einen Spaziergang ein, und richten Sie dabei Ihre Aufmerksamkeit auf Ihre Sinneswahrnehmungen.

Dazu einige Ideen:

- Pflücken Sie ein Blatt von einem Baum, und beschreiben Sie konzentriert sein Aussehen. Welche Vielfalt können Sie erkennen?
- Nehmen Sie auf einer Bank Platz, und wählen Sie ein Sinnesorgan, um Ihre Umgebung achtsam wahrzunehmen: Sehen, Hören, Riechen, Fühlen. Bei welchem Sinn fällt Ihnen die Konzentration am leichtesten?
- Was in Ihrer Umgebung können Sie sonst noch wahrnehmen? Begegnen Ihnen vielleicht Tiere oder Menschen?

Sie üben, mit Ihrer ganzen Aufmerksamkeit präsent im jetzigen Augenblick zu sein. Sie schulen Ihre Sinneswahrnehmungen und nehmen mehr von Ihrer Umgebung wahr.
Gedankenkreisen oder negative Denkschleifen haben in diesem Moment keine Chance. Gleichzeitig verhilft Ihnen **die Harmonie der Natur** zu innerer Ruhe und Frieden.

Unsere Sinneswahrnehmungen können wir natürlich besonders gut beim Trinken und Essen wahrnehmen und schulen.

## Lieblingsgetränk des Tages

Machen Sie sich täglich bewusst eine Freude, und genießen Sie achtsam Ihr Lieblingsgetränk.

Wählen Sie Ihr Lieblingsgetränk des Tages, und nehmen Sie sich Zeit, es genussvoll und achtsam zu trinken:

- Beschreiben Sie den Geruch.
- Ist es warm oder kalt?
- Beschreiben Sie den Geschmack.
- Wie fühlen sich Ihre Lippen an, wenn Sie daran nippen?
- Wie fühlt sich das Getränk in Ihrem Mund an?

Wenn Sie durch Gedanken abgelenkt werden – was ganz normal ist –, kehren Sie mit Ihrer Aufmerksamkeit einfach immer wieder zu Ihrem Getränk zurück.

Probieren Sie die Übung zuerst an einem ruhigen Ort und später im Trubel, z. B. in einem gut besuchten Café.

Sie üben, präsent, d. h. mit Ihrer ganzen Aufmerksamkeit und allen Sinnen im jetzigen Augenblick zu sein. Dabei treten negative Gedanken in den Hintergrund, und das Grübelkarussell wird unterbrochen.

Gleichzeitig legen Sie bewusst Ihr Augenmerk auf positive Dinge und **erzeugen damit angenehme Gefühle:** Sie gehen achtsam mit sich selbst um und stärken Ihr Wohlbefinden, Ihre Resilienz und Ihre Gesundheit.

# Einfach nur essen

Häufig ist das Essen im Alltag Bestandteil unserer Multitasking-Gewohnheiten. Wir essen nebenbei, z. B., während wir gehen, telefonieren oder etwas lesen. Dies trägt nicht gerade zu einer Beruhigung unserer Gedanken und innerer Entspanntheit bei.

Versuchen Sie deshalb, möglichst häufig in Ruhe »nur« zu essen.

### Variante 1

Setzen Sie sich zum Essen hin, und atmen Sie als Anfangsritual einmal bewusst ein und aus.

Beschreiben Sie, was auf Ihrem Teller liegt.

Achten Sie auf Ihre Sinneswahrnehmungen: Geruch, Aussehen, Geschmack, Textur, Temperatur … des Essens.

Lassen Sie sich Zeit beim Essen, und kauen Sie genussvoll, bewusst und langsam.

Beenden Sie das Essen mit einem bewussten Atemzug.

Wenn Sie mit anderen Menschen am Tisch sitzen, versuchen Sie einmal, nicht während der Mahlzeit zu sprechen, sondern sich wirklich nur auf das Essen zu konzentrieren.

## Variante 2

Nehmen Sie achtsam die ersten Bissen Ihres Essens wahr, kauen Sie langsam, und beschreiben Sie Ihre Sinneseindrücke.

Entscheiden Sie sich bewusst für den Moment, in dem Sie in Ihrem normalen Tempo weiteressen, und beobachten Sie den Unterschied.

Sie üben, Ihre Aufmerksamkeit auf Ihre Sinneswahrnehmungen zu fokussieren und gelangen dadurch sofort in den jetzigen Augenblick. Ablenkende, vielleicht negative oder sorgenvolle Gedanken kommen zur Ruhe.
Durch das konzentrierte Essen ohne Ablenkung und das bewusste, langsame Kauen unterstützen Sie Ihr Wohlbefinden und Ihre Gesundheit.

## »Fenster schließen«

Die vielen Außenreize (Informationen, Werbung, Lärm, Musik, Gerüche etc.), denen wir tagtäglich ausgesetzt sind, können zu innerer Unruhe führen und negative Gedanken und Grübeln zusätzlich verstärken.

Mit dieser Übung kommen Sie zu mehr innerer Ruhe, indem Sie symbolisch ein Fenster zur Außenwelt schließen und sich vom äußeren Trubel abschotten.

Dazu einige Ideen:

- Lassen Sie bewusst das Radio im Auto aus.
- Verzichten Sie auf Fernsehen.
- Praktizieren Sie »Nachrichtenfasten«: Verzichten Sie auf das Lesen der (fast immer negativen) Schlagzeilen in der Tageszeitung oder im Internet.
- Schalten Sie Ihr Smartphone für eine gewisse Zeit aus.
- Lesen Sie nur einmal am Tag Ihre E-Mails, falls das für Sie möglich ist.

Die äußere Stille führt zu innerer Ruhe. Negative Gedanken oder Grübeln werden nicht noch zusätzlich durch äußere Reize verstärkt. Versuchen Sie möglichst, an zwei Tagen pro Woche »ein Fenster zu schließen«.

# Notfallanker und Grübelunterbrecher

»Ich kann nicht verhindern, dass die bösen Gedanken wie Vögel über meinen Kopf fliegen, aber ich darf ihnen nicht erlauben, dort Nester zu bauen.«

*Martin Luther*

Grübelunterbrecher helfen Ihnen, sich sofort von negativen Gedanken zu lösen oder Gedankenkreisen zu unterbrechen. Sie sind eine Art Notfallanker für turbulente Situationen.

# Was sind Grübelunterbrecher, und was bewirken sie?

Grübelunterbrecher sind Notfallanker, die Ihnen helfen, sich sofort von negativen Gedanken zu lösen und aus dem Grübelkarussell auszusteigen. Sie sind vor allem für Situationen gedacht, in denen Sie das Gefühl haben, Ihren belastenden Gedanken hilflos ausgeliefert zu sein und sie nicht loslassen zu können. Entsprechend hoch ist in solch einem Moment Ihre innere Anspannung.

Wir können zwar unsere Gedanken auf Dauer nicht willentlich unterdrücken. Grübelunterbrecher helfen aber, sie für eine Weile zu stoppen und dadurch die innere Anspannung zu senken. Und je häufiger Sie Grübelunterbrecher anwenden, desto mehr wird es zur Gewohnheit, bestimmte Gedanken nicht mehr zu denken. Und wie Sie bereits wissen, liebt unser Gehirn Gewohnheiten – also auch die, negative Gedanken loszulassen.

Bei den Grübelunterbrechern nutzen wir innere Vorstellungsbilder (Visualisierungen) und Selbstinstruktionen. Das bedeutet, dass Sie sich sozusagen selbst zur Ordnung rufen, um die Kontrolle über Ihre Gedanken zurückzugewinnen.

# To-do-Liste:
# Anti-Grübel-Aktivitäten

Da negative Gedanken in der Regel sehr hartnäckig sind, ist es wichtig, dass es eine Tätigkeit gibt, in die Sie sofort übergehen können, wenn Sie sich mit einem Grübelunterbrecher von ihnen gelöst haben. Eine Ausnahme bildet die Situation, dass Sie einen Grübelunterbrecher vor dem Einschlafen anwenden, um gedanklich zur Ruhe zu kommen.

Als Anti-Grübel-Aktivitäten eignen sich insbesondere:

- **Körperliche/sportliche Aktivitäten,** mit denen Sie sich auspowern, da sie zusätzlich die innere Anspannung senken.
- **Gedankliche Aktivitäten,** die Spaß machen, da sie von negativen Gedanken ablenken.
- **Aktivitäten, die sowieso auf Ihrer To-do-Liste stehen,** da Zufriedenheit entsteht, wenn sie erledigt sind.

Die Aktivitäten sollten einige, maximal zehn Minuten dauern, damit sie einfach in Ihren Alltag integriert werden können.

Ideen für Anti-Grübel-Aktivitäten:

## Körperliche Aktivitäten

- Kniebeugen
- Liegestütze
- Crunches
  (Legen Sie jeweils die genaue Anzahl der Wiederholungen fest.)
- schnelles Treppensteigen
  (Suchen Sie sich dafür eine bestimmte Treppe aus.)
- mit dem Rücken an die Wand lehnen und in die Hocke gehen
  (Halten Sie die Position so lange, bis ein starkes Brennen in den Oberschenkeln auftritt.)

## Gedankliche Aktivitäten

- Kreuzworträtsel lösen
- Sudoku lösen
- Geduldspiel (z. B. Zauberwürfel)
- Puzzle
- ein fremdsprachiges Buch oder ein kompliziertes Fachbuch lesen und die unbekannten Wörter nachschlagen
- Gedichte oder andere Texte auswendig lernen und aufsagen
- Wörter rückwärts sprechen oder schreiben

**Aktivitäten von Ihrer To-do-Liste**

- Zahnarzt- oder Friseurtermin vereinbaren
- E-Mails lesen
- E-Mails beantworten
- Schreibtisch aufräumen
- etwas reparieren (z. B. ein Fahrrad)
- Glühbirne ersetzen
- staubsaugen
- Möbel polieren
- putzen

(Aktivitäten, die mehr Zeit in Anspruch nehmen, z. B. das Putzen, teilen Sie am besten in einzelne Etappen auf, damit sie zehn Minuten nicht überschreiten.)

Ich empfehle Ihnen, Ihre persönlichen Anti-Grübel-Aktivitäten zu notieren und die Liste immer griffbereit zu haben. Sie können jederzeit Punkte ergänzen.

Meine persönlichen Anti-Grübel-Aktivitäten:

1. _____

2. _____

3. _____

4. _____

5. _____

# Grübelunterbrecher-Übungen

Es ist hilfreich, wenn Sie sich vor der Anwendung eines Grübelunterbrechers innerlich und äußerlich aufrichten, um Ihrem Gehirn das Signal zu senden, dass jetzt etwas Wichtiges passiert. Dies können Sie ganz einfach wie folgt erreichen.

**Körperlich:** Stehen Sie auf, und stellen Sie eine gesunde körperliche Spannung her, indem Sie die Füße fest auf den Boden stellen und eine aufrechte Haltung einnehmen. Ziehen Sie die Schultern zurück, und richten Sie Ihren Kopf auf. Wenn Sie möchten, können Sie zusätzlich Ihre Fäuste ballen, um noch mehr Spannung herzustellen.

**Geistig:** Geben Sie sich ein klares und deutliches Signal, indem Sie sich z. B. sagen: »Ich merke, dass ich wieder in die alten Grübeleien verfalle. Sie sind nur schmerzhaft und führen zu nichts.« Oder: »Ich will jetzt auf der Stelle damit aufhören, ganz bestimmt!«

## Stopp-Technik

Unterbrechen Sie bewusst Ihre Gedanken oder Ihr Grübelkarussell, und sagen Sie laut oder in Gedanken zu sich selbst: »Stopp.«

Zur Unterstützung können Sie sich gedanklich ein Stoppschild aus dem Straßenverkehr vorstellen.

Ballen Sie die Fäuste dabei, oder klatschen Sie in die Hände, oder kneifen Sie sich leicht in den Arm. So lernt Ihr Gehirn, dass Grübeln etwas Unangenehmes ist.

Gehen Sie anschließend in eine Anti-Grübel-Aktivität über.

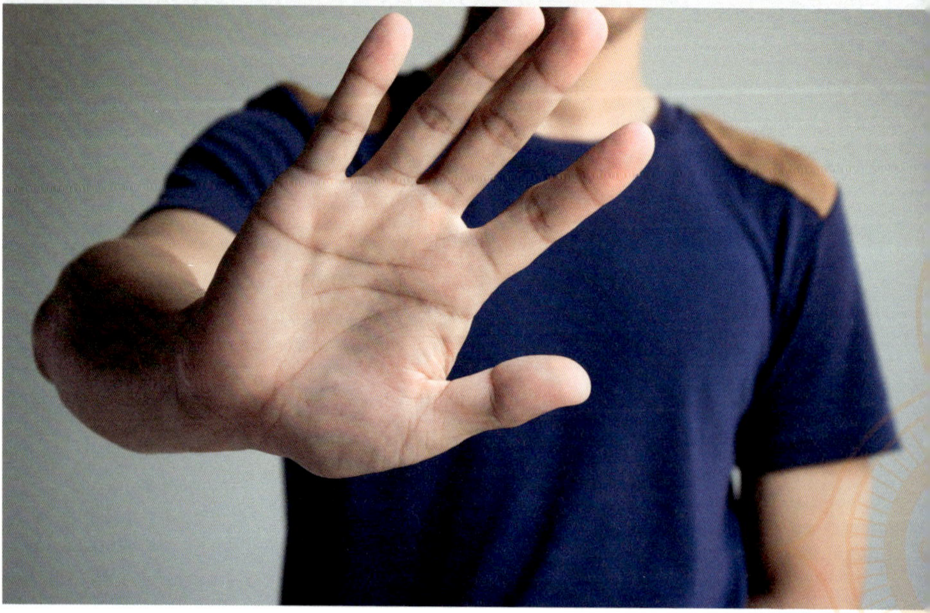

## PC-Löschtaste

Stellen Sie sich die Löschtaste auf einer PC-Tastatur vor.

Drücken Sie diese in Ihrer Vorstellung so lange, bis der Gedanke gelöscht ist.

Gehen Sie anschließend in eine Anti-Grübel-Aktivität über.

## Spammails

Stellen Sie sich Ihre belastenden Gedanken als Spammails auf Ihrem PC vor: Diese sind unbrauchbar und können sogar Schaden anrichten.

Löschen Sie deshalb Ihre »gedanklichen Spammails« in Ihrer Vorstellung vom PC: Schieben Sie sie in den Papierkorb.

Gehen Sie anschließend in eine Anti-Grübel-Aktivität über.

# Nein, danke!

Stellen Sie sich die Frage: »Hilft mir Grübeln jetzt wirklich weiter?«

In der Regel lautet die Antwort: »Nein, nicht wirklich.«

Verstärken Sie Ihre Antwort jedes Mal, wenn Sie sich beim Grübeln ertappen, zusätzlich mit der schriftlichen Anmerkung auf einem Notizzettel: »Nein, danke!«, und kleben Sie diesen an eine gut sichtbare Stelle.

Gehen Sie anschließend in eine Anti-Grübel-Aktivität über.

Es gibt Gedanken, die uns zwar belasten, die wir aber in unserer Vorstellung nicht komplett »löschen« können oder möchten. Vielleicht betreffen sie Probleme, für die wir noch eine Lösung suchen, oder wir möchten uns die Möglichkeit offenhalten, zu einer anderen Zeit noch einmal in Ruhe darüber nachzudenken. Damit uns diese Gedanken jedoch nicht ständig unkontrolliert durch den Kopf gehen und uns von anderen Aktivitäten abhalten, können wir sie in unserer Vorstellung wegpacken und wieder herausholen, wenn die Zeit dafür gekommen ist.

## Schubladen-Denken

Legen Sie Ihren Gedanken in Ihrer Vorstellung in eine Schublade.

Verschließen Sie die Schublade gut.

Sie können Ihren Gedanken jederzeit wieder aus der Schublade herausholen, wenn Ihnen danach ist. Er geht Ihnen nicht verloren.

Gehen Sie anschließend in eine Anti-Grübel-Aktivität über.

# Päckchen packen

### Variante 1

Stecken Sie Ihren Gedanken in Ihrer Vorstellung in ein kleines Päckchen oder auch ein großes Paket.

Binden Sie es gedanklich fest mit einer Schleife oder Schnur zu.

Stellen Sie das Päckchen/Paket vor die Tür. Sie können es später mitnehmen, wenn die Zeit dafür reif ist.

Gehen Sie anschließend in eine Anti-Grübel-Aktivität über.

### Variante 2

Bringen Sie in Ihrer Vorstellung das Päckchen/Paket zum Bahnhof, und legen Sie es dort in ein Schließfach.

Verschließen Sie die Tür, und stecken Sie den Schlüssel in Ihre Tasche.

Sie können das Päckchen/Paket jederzeit, wenn Sie möchten, wieder aus dem Schließfach abholen.

Gehen Sie anschließend in eine Anti-Grübel-Aktivität über.

Besonders belastend sind Gedanken für uns, mit denen wir – meist unbewusst – Situationen, Gegebenheiten oder andere Personen bewerten. Denn häufig fallen unsere Bewertungen negativ aus, wir machen uns Sorgen oder haben Bedenken, dass andere Personen uns abwertend beurteilen.

In diesen Fällen hat sich der folgende Grübelunterbrecher als sehr hilfreich erwiesen.

## »Kein Kommentar«

Sagen Sie sich innerlich …

- zu Gedanken, die sich mit aktuellen Situationen beschäftigen: »Kein Kommentar. Ich bleibe in einer offenen und neutralen Haltung.«
- zu Gedanken, die sich um Ereignisse drehen, die möglicherweise eintreten könnten: »Kein Kommentar. Ich lasse mich überraschen.«
- zu Gedanken darüber, was andere möglicherweise über Sie denken: »Kein Kommentar. Ich kann nicht Gedanken lesen.«

Gehen Sie anschließend in eine Anti-Grübel-Aktivität über.

Die inneren Vorstellungsbilder und Selbstinstruktionen der Grübelunterbrecher helfen Ihnen, die **Kontrolle über Ihre Gedanken** zurückzuerhalten und diese letztlich anzuhalten.

Wie bei allem, was unser Gehirn erst neu lernen muss, kann es sein, dass Sie mehrere Versuche unternehmen müssen, um hartnäckige Gedanken zu unterbrechen. Geben Sie nicht so schnell auf, Dranbleiben lohnt sich!

# Distanz herstellen

»Die Menschen werden nicht durch die Ereignisse selbst, sondern durch ihre Sicht bzw. Deutung der Ereignisse beunruhigt.«

*Epiktet*

Mit Distanzübungen stellen Sie einen inneren Abstand zu Ihren Gedanken her. Dadurch messen Sie ihnen weniger Bedeutung bei und lassen sich emotional von ihnen nicht so leicht aufrütteln.

# Was sind Distanzübungen, und was bewirken sie?

Distanzübungen verfolgen einen anderen Weg als die bisherigen Übungen. Anstatt unsere Aufmerksamkeit weg von belastenden oder störenden Gedanken auf den gegenwärtigen Moment zu richten oder negative Gedanken und Grübeleien bewusst zu unterbrechen, lassen Sie bei den Distanzübungen Ihre Gedanken zu. Sie nehmen sie sogar bewusst wahr, messen ihnen aber gleichzeitig weniger Bedeutung bei, indem Sie eine innere Distanz zu ihnen herstellen.

In der Regel sind wir von unseren Gedanken komplett vereinnahmt. In der Fachsprache nennt man dies »Fusion«, d. h., wir sind mit unseren Gedanken »verschmolzen«. Damit wird beschrieben, dass wir unsere Gedanken als äußere Tatsachen und Wahrheiten empfinden und entsprechend fühlen und handeln. Bei konstruktiven Gedanken ist dies sicherlich sinnvoll und nützlich. Bei negativen Denkschleifen, Gedankenkreisen und Grübeleien ist das Gegenteil der Fall: Sie führen zu Stress, Angst, innerer Anspannung und impulsiven Reaktionen, wenn wir mit ihnen »verschmolzen« sind.

Um aus der gedanklichen Fusion auszusteigen, können wir uns der Einfachheit halber vorstellen, dass unser Geist aus zwei Komponenten besteht: erstens dem Denker, der die Gedanken produziert, und zweitens dem Beobachter, der diese Gedanken wahrnimmt und in der Folge z. B. ausspricht oder aufschreibt. Um von den Gedanken nicht mehr so stark vereinnahmt zu werden, nehmen Sie sie ganz bewusst als Beobachter wahr und schaffen dadurch einen inneren Abstand zu ihnen. In der Fachsprache nennt sich dies »Defusion«. Wenn Sie die Erfahrung machen, dass Sie Ihre Gedanken nicht nur produzieren (sprich denken), sondern sie auch beobachten können, sind Sie mit ihnen nicht mehr »verschmolzen« und ihnen somit auch nicht hilflos ausgeliefert. Im Gegenteil: Sie können auf dieser Grundlage einen anderen Umgang mit ihnen finden, wozu die Übungen in diesem Kapitel gedacht sind.

Dazu ein Beispiel: Stellen Sie sich vor, Sie sind auf einem Volksfest und stehen am Eingang der Achterbahn. Als Teilnehmer steigen Sie in einen Wagen der Achterbahn ein und machen die Fahrt mit. Sie erleben den Nervenkitzel und, je nach Veranlagung, Angst oder Genuss. Sie sind emotional voll involviert. Dabei sind Sie ausschließlich auf Ihre Gefühle konzentriert und nehmen nichts anderes mehr wahr. Wenn wir negativ denken, grübeln oder auch gestresst sind, neigen wir dazu, die Teilnehmerrolle einzunehmen und in unseren Gedanken und Gefühlen stecken zu bleiben (Fusion).

Jetzt stellen Sie sich vor, dass Sie als Beobachter am Eingang der Achterbahn stehen, jedoch nicht in einen Wagen einsteigen und die Fahrt nicht mitmachen. Sie behalten den Überblick über das ganze Geschehen: Sie betrachten die Fahrgäste, wie sie ein- und aussteigen, lesen an ihren Gesichtern die Gefühle vor und nach der Fahrt ab. Sie selbst sind aber nicht emotional beteiligt, sondern bleiben ruhig und gelassen, weil Sie in das Geschehen nicht involviert sind (Defusion).

In Ihrem Alltag können Sie sich immer wieder entscheiden, ob Sie in den Wagen der gedanklichen und emotionalen Achterbahn einsteigen möchten oder als Beobachter außen vor bleiben, um eine innere Distanz herzustellen. Dann haben Sie auch die Möglichkeit, von außen einzugreifen und etwas zu verändern, z. B. den Umgang mit Ihren Gedanken. Dazu lernen Sie in diesem Kapitel viele hilfreiche Übungen kennen.

# Distanzübungen

Im ersten Schritt üben Sie sich erst einmal darin, die eigenen Gedanken überhaupt bewusst wahrzunehmen. Dazu können Sie die folgende Meditation nutzen.
Im zweiten Schritt schaffen Sie eine Distanz zu Ihren Gedanken. Dazu gibt es verschiedene Wege:

- Sie lassen Ihre Gedanken mit **inneren Bildern** los.
- Sie nehmen Ihre Gedanken mit **Humor.**
- Sie gehen **spielerisch** mit Ihren Gedanken um.
- Sie **schreiben** Ihre Gedanken auf.
- Sie kommentieren Ihre Gedanken aus der **Perspektive** einer anderen Person.

## Meditation »Gedanken benennen und vorbeiziehen lassen«

In dieser Meditation üben Sie, Ihre Gedanken zunächst bewusst wahrzunehmen. Es geht nicht darum, nur negative Gedanken aufzuspüren, sondern, generell immer besser zu erkennen, welche Gedanken Ihnen gerade durch den Kopf gehen. Denn nur das, was Sie wahrnehmen, können Sie auch verändern und loslassen. Nehmen Sie dazu ganz bewusst eine innere Beobachterposition ein. Dazu gibt es ein sehr effektives Hilfsmittel: Wenn ein Gedanke auftaucht, benennen Sie diesen mit einem Oberbegriff. Ihnen geht z. B. ein Gedanke über Ihre Arbeit durch den Kopf. Diesen benennen Sie mit dem Begriff »Arbeit« oder »Büro«. Oder Sie denken darüber nach, was Sie noch besorgen müssen. Diesen Gedanken können Sie z. B. mit »Einkaufsliste« etikettieren.

Durch die Benennung des Gedankens mit einem Oberbegriff bleiben Sie in der Beobachterposition und kommen gar nicht in Versuchung, ihn zu interpretieren, weiterzudenken oder gar ins Grübeln darüber zu geraten, sondern können sofort zum nächsten Schritt übergehen: den Begriff loszulassen, indem Sie ihn in Ihrer Vorstellung an sich vorbeiziehen lassen. Dazu stelle ich Ihnen in der Meditation unterschiedliche gedankliche Bilder vor.

Nehmen Sie eine bequeme, aber aufrechte Sitzposition ein. Sie können sich dabei vorstellen, wie Ihr Kopf von einer unsichtbaren

Schnur nach oben gezogen wird. Ihre äußere Haltung wird sich auf Ihre innere Haltung übertragen.

Schließen Sie sanft Ihre Augen. Wenn Ihnen das unangenehm sein sollte, richten Sie Ihren Blick entspannt auf den Boden ca. einen Meter vor Ihnen.

Konzentrieren Sie zunächst Ihre Aufmerksamkeit auf Ihren Atem. Atmen Sie durch die Nase ein und langsam wieder aus. Beobachten Sie, wie jeder Luftzug sanft in Ihren Körper herein- und wieder hinausströmt. Lassen Sie dann Ihre Aufmerksamkeit auf Ihrem bevorzugten Atem-Ankerpunkt ruhen (siehe Seite 43).

Wie fühlen Sie sich gerade? Sind Sie ruhig oder gestresst? Was auch immer Sie gerade fühlen: Es darf genau so sein, wie es ist. Sie brauchen weder entspannt noch besonders ruhig für die Meditation zu sein. Meditation bedeutet einfach, mit dem zu sein, was ist. Erlauben Sie sich, mit allem, was gerade in Ihnen vor sich geht, hier und jetzt bei dieser Meditation anzukommen.

In dieser Meditation lade ich Sie dazu ein, Ihre Aufmerksamkeit auf Ihre Gedanken zu richten. Auf die vielen verschiedenen Gedanken in Ihrem Geist, die kommen und gehen. Versuchen Sie, die Gedanken einfach als solche zu erkennen, wie ein Objekt, das kommt und wieder geht.

Lauschen Sie freundlich und annehmend Ihren inneren Dialogen wie ein Beobachter von außen. Hören Sie Ihren Gedanken zu, und kehren Sie mit Ihrer Aufmerksamkeit anschließend immer wieder zu Ihrem Atem, Ihrem Anker, zurück.

Die Gedanken tauchen einfach in Ihrem Bewusstsein auf und ziehen wieder weiter. Lassen Sie, so gut es Ihnen möglich ist, eine Distanz zwischen sich und Ihren Gedanken entstehen. Zur Unterstützung können Sie auftauchende Gedanken mit dem für Sie passenden Wort benennen, z. B. »Vergangenheit«, »Zukunft«, »Arbeit«, »Einkaufsliste«, »Kinder«.

Um die Gedanken loszulassen, stellen Sie sich nun vor, wie Ihre Gedanken von einer hellen Wolke eingehüllt werden und einfach an Ihnen vorbeiziehen. Eine Gedankenwolke weicht der nächsten. Lassen Sie eine Wolke nach der anderen an Ihnen vorüberwehen.

Wir können unser Denken nicht einfach abstellen. Aber wir können uns bewusst dafür entscheiden, uns nicht im Inhalt der Gedanken zu verfangen, sie nicht weiterzudenken, sondern sie einfach an uns vorbeiziehen zu lassen wie weiße Wolken am Himmel.

Spüren Sie die Leichtigkeit, die sich in Ihnen ausbreitet, und lassen Sie eine Wolke nach der anderen los.

Eine weitere Möglichkeit, Ihre Gedanken gehen zu lassen, ist die Vorstellung, dass Sie an einem Flussufer sitzen. Und während Sie dort sitzen, sehen Sie auf dem Wasser schwimmende Blätter vorbeitreiben. Setzen Sie jeden Gedanken, der in Ihnen auftaucht, auf eines dieser Blätter. Bleiben Sie am Fluss sitzen, und beobachten Sie, wie die Blätter mit Ihren Gedanken forttreiben.

Dies ist keine einfache Übung. Es ist nicht leicht, sich nicht im Inhalt der Gedanken zu verfangen. Aber sobald Sie bemerken, dass dies passiert, hüllen Sie den Gedanken in eine helle Wolke oder setzen ihn auf ein Blatt, das an Ihnen vorbeischwimmt.

Stellen Sie sich nun darauf ein, die Übung langsam zu beenden. Nehmen Sie einen tiefen Atemzug, recken und strecken Sie sich. Öffnen Sie behutsam die Augen, und kommen Sie wieder in Ihrem Raum an.

**Hinweis:** Die vollständige Meditation »Achtsamkeit auf Gedanken«, gesprochen von mir, finden Sie auch auf der CD »Stressbewältigung durch Achtsamkeit in 6 Schritten«, erhältlich über meine Homepage: www.christine-wunderlich-coaching.de.

Sie können immer besser erkennen, dass Gedanken zwar ständig kommen, aber auch wieder gehen, wenn Sie nicht auf sie reagieren. Gedanken müssen Sie nicht zwangsläufig beeinflussen, wenn Sie lernen, sie lediglich zu beobachten und nicht festzuhalten.

## DISTANZ DURCH INNERE BILDER

Die beiden inneren Bilder in der Meditation, die Gedanken in Wolken einzuhüllen und vorbeiziehen oder an einem Fluss zu sitzen und die Gedanken auf Blättern fortschwimmen zu lassen, sind die beiden »Klassiker« unter den Vorstellungsbildern.

Darüber hinaus gibt es viele weitere kreative Möglichkeiten, Gedanken bildlich loszulassen. In meinen Kursen und Therapiesitzungen entstehen immer wieder neue Ideen dazu. Ich möchte Sie dazu anregen, auch selbst kreativ zu werden.

# Probieren Sie unterschiedliche Vorstellungsbilder aus

- Setzen Sie Ihre Gedanken in Waggons eines Güterzuges, und lassen Sie sie einfach davonrattern.
- Werfen Sie Ihren Gedanken in den Wagen der Müllabfuhr, das ihn zweifach verschwinden lässt: im Häcksler und, indem das Auto wegfährt.
- Wenn Sie auf einem Weg, den Sie täglich gehen, z. B. zur Arbeit und nach Hause, an Mülltonnen vorbeikommen, können Sie Ihren Gedanken auch darin »entsorgen«.
- Schließen Sie Ihre Gedanken in Luftballons ein, die in die Luft steigen.
- Schreiben Sie Ihre Gedanken in der Vorstellung auf Schafe oder Kühe auf einer Weide, die dann an Ihnen vorbeigehen.
- Schreiben Sie Ihren Gedanken in der Vorstellung auf einen Zettel, und lassen Sie diesen in einem Kaminfeuer verbrennen.

# Gedanken ganz praktisch loslassen

Einige der gedanklichen Vorstellungsbilder lassen sich auch praktisch durchführen, um den Effekt noch zu verstärken. Dazu schreiben Sie Ihre Gedanken tatsächlich auf einen Zettel. Den Zettel können Sie dann z. B.:

- in einem Kamin oder einer Feuerschale verbrennen lassen.
- in einem Reißwolf zerschreddern.
- sehr klein zerrissen in einem fließenden Gewässer an sich vorbeiziehen lassen oder in der Toilette hinunterspülen.

Gedanken sind wie neutrale Objekte, die Sie durch verschiedene Vorstellungen oder praktische Übungen immer wieder gehen lassen können.

Hilfreich ist der Satz: »Ich **bin nicht** mein Gedanke, sondern ich **habe** einen Gedanken. Und deshalb kann ich den Gedanken auch loslassen, wenn er mich belastet.«

## DISTANZ DURCH HUMOR

»Mit Humor geht vieles leichter«, sagt schon der Volksmund, und dies gilt auch für den Umgang mit negativen, belastenden und grüblerischen Gedanken.

ÜBUNG

# Den Verstand als eigenständiges Wesen betrachten

Stellen Sie sich Folgendes vor:

- Ihr Verstand ist ein Radio im Kopf. Sagen Sie sich z. B.: »Mal hören, welcher Sender da gerade eingestellt ist – ah, wieder ›Radio Unheil‹ – lauter Katastrophenmeldungen werden da heute gemeldet. Ich glaube, ich wechsle besser mal den Sender …«

- Ihr Verstand ist ein Geschäftspartner von Ihnen. Er macht Ihnen viele Angebote, von denen Sie manche annehmen, andere ablehnen. Sagen Sie sich z. B.: »Nein, mein lieber Verstand, das ist kein gutes Angebot. Das ist mir viel zu negativ gedacht.«

- Ihr Verstand hat einen Namen. Welcher könnte das sein? Hier ein paar Beispiele: Kopfmaschine, Problemerkennungsgerät,

Oberlehrer, Katastrophierer. Fragen Sie ihn z. B.: »Hallo Problemerkennungsgerät, na, wie bist du heute drauf?«, oder: »Auf was für Gedanken meine Kopfmaschine heute wieder kommt!«

- Ihr Verstand ist ein Papagei. Er sitzt auf Ihrer Schulter und krächzt Ihnen ständig auswendig gelernte Sätze ins Ohr. Sagen Sie ihm z. B.: »Hallo Papagei. Ich weiß, das sind nur Sätze, die du von anderen gehört hast und nachplapperst. Die muss ich nicht alle glauben.«

Mit Humor und einem Lächeln auf den Lippen stellen Sie sofort eine wohltuende Distanz zu Ihren Gedanken her.

ÜBUNG

## Spielerisch mit den Gedanken umgehen

Verändern Sie Ihre Gedanken durch die Sprechweise:

- Singen Sie Ihre belastenden Gedanken laut in Ihrer Lieblingsmelodie.

- Kennen Sie noch das Kinderlied »Drei Chinesen mit dem Kontrabass«? Dabei ersetzen Sie alle Vokale in einem Satz durch einen einzigen Vokal: Aus »Ich schaffe das nicht« wird z. B. »Üch schüffü düs nücht«.
- Sprechen Sie Ihre Gedanken in einem bestimmten Dialekt (z. B. Bayerisch, Berlinerisch, Sächsisch).
- Übersetzen Sie Ihre Gedanken in eine andere Sprache (z. B. Englisch, Französisch).
- Sprechen Sie Ihre Gedanken gaaanz laaangsaaaam… wie in Zeitlupe.

Fertigen Sie Charts wie in der Hitparade mit Ihren häufigsten belastenden Gedanken an:

- Wie sieht die Top Ten aus? Gibt es Neueinsteiger, Aufsteiger, Absteiger?
- Welcher Gedanke ist derzeit Ihre absolute Nummer 1?

Ein spielerischer Umgang mit Ihren Gedanken hebt gleichzeitig auch die Stimmung!

## DISTANZ DURCH SCHREIBEN

Schreiben eignet sich insbesondere, wenn Sie dazu neigen, über bestimmte Themen immer wieder nachzugrübeln. In diesen Übungen halten Sie Ihre Grübelgedanken schriftlich fest, anstatt weiter darüber nachzudenken. Durch das Schreiben nehmen Sie ganz bewusst eine Beobachterposition ein und stellen eine wohltuende innere Distanz zu Ihren belastenden Gedanken her.

**ÜBUNG**

## Schreiben Sie über Ihr Grübelthema

Bevor Sie starten, setzen Sie sich bitte ein zeitliches Limit. Empfehlenswert sind 10 bis 15 Minuten. Oder beschränken Sie die Textlänge auf eine halbe bis ganze DIN-A4-Seite.

Beschreiben Sie Ihr Grübelthema:

- Was war der Auslöser?
- Wie geht es Ihnen damit?
- Welches Fazit ziehen Sie daraus?

Wie anfangs beschrieben, ist es gerade für Grübelgedanken charakteristisch, zu keiner Lösung zu gelangen und deshalb mit dem Grübeln immer wieder von vorn anzufangen. Genau hier hilft Ihnen das Schreiben: Sie kommen vielleicht doch noch zu einer für Sie akzeptablen Lösung und können das Thema damit abschließen. Oder Sie erkennen an, dass es keine Lösung gibt, und können dadurch das Grübeln loslassen.

Durch das Schreiben über Ihre Grübelgedanken stellen Sie eine innere Distanz zu ihnen her. Gleichzeitig setzen Sie sich mit der Thematik in einer strukturierten Form auseinander, die hilft, damit abzuschließen.

**ÜBUNG**

## Sätze kreativ aufschreiben

In dieser Übung geht es um belastende Sätze oder Aussagen, die Ihnen immer wieder durch den Kopf gehen. Aktivieren Sie Ihre kreative Seite, und schreiben Sie die Sätze einzeln in unterschiedlicher Art und Weise auf, z. B.:

- Schreiben Sie in verschnörkelter Schönschrift und mit Blümchen verziert wie früher im Poesiealbum.

- Schreiben Sie in unterschiedlichen Farben und Größen.
- Wenn Sie Rechtshänder sind, schreiben Sie mit der linken Hand, und umgekehrt.
- Schneiden Sie Buchstaben oder Wörter aus Zeitschriften aus, und kleben Sie die Sätze daraus zusammen wie ein Erpresserschreiben.
- Malen Sie zu jedem Satz ein passendes Bild.

Beobachten Sie achtsam, ob und wie sich die Auswirkung der belastenden Gedanken auf Ihre Gefühle durch die kreative Betätigung ändert.

Sich **kreativ zu betätigen,** ist eine Wohltat für die Seele und führt zu innerer Zufriedenheit. Gleichzeitig stellen Sie durch das Schreiben eine Distanz zu Ihren belastenden Gedanken her.

## DISTANZ DURCH PERSPEKTIVWECHSEL

Manchmal sieht man den Wald vor lauter Bäumen nicht. Gerade negative Gedanken führen uns leicht in einen Tunnelblick, der in endlosem Grübeln ohne Ergebnis mündet. Mit dieser Übung kommentieren Sie Ihre Gedanken aus der Perspektive einer anderen Person.

ÜBUNG

## Rollenspiel

Stellen Sie sich vor, Sie besprechen Ihre belastenden Gedanken oder Grübelthemen mit einer anderen Person, z. B.:

- mit Ihrer besten Freundin oder Ihrem bestem Freund,
- mit einem Menschen, dem Sie gern zuhören und den Sie für seine Weitsicht oder Gelassenheit im Leben Respekt zollen,
- mit einem Vorbild von Ihnen,
- mit einer Roman- oder Filmfigur.

Nehmen Sie nun ganz bewusst die Perspektive dieser Person ein, und stellen Sie sich vor, Sie sprechen als diese.
Was würde diese Person zu Ihnen und Ihren Grübelgedanken sagen? Sprechen Sie laut mit sich selbst, z. B.:

- »Ja, also, das ist mir jetzt zu pessimistisch gedacht.«
- »Du könntest das vielleicht anders sehen.«
- »Und was soll passieren, wenn es nicht klappt?«
- »Was könnte schlimmstenfalls passieren?«

Wenn Sie möchten, können Sie aus der Übung ein Rollenspiel machen: Stellen Sie zwei Stühle einander gegenüber. Einer steht für Sie, der andere für die Rolle der anderen Person. Wechseln Sie jeweils die Stühle, je nachdem, wessen Perspektive Sie gerade einnehmen.

Sie stellen eine Distanz zu Ihren Gedanken und Grübeleien her, indem Sie einen Perspektivwechsel vornehmen. Es ist oft sehr hilfreich und erhellend, seine Grübelgedanken aus einer anderen Rolle heraus zu kommentieren.

Routinen
verlassen,
um Denk-
gewohnheiten
zu verändern

»Um klar sehen zu können, reicht es, die Blickrichtung zu wechseln.«

*Antoine de Saint-Exupéry*

Die Übungen in diesem Kapitel zeigen Ihnen Möglichkeiten auf, wie Sie Ihre Denkgewohnheiten verändern und bisherige Routinen verlassen können.

Häufig stecken wir in unseren Gewohnheiten fest und fühlen uns vertraut mit unseren negativen Denkschleifen und Grübeleien. Sie sind eine oft über Jahrzehnte eingeübte Routine, die uns ein Gefühl von Geborgenheit gibt, da unser Verstand Gewohnheiten liebt.

# Übungen, um Gewohnheiten abzulegen

## ROUTINEN VERLASSEN

Diese Denkgewohnheiten können Sie aber ändern. Dies gelingt besonders effektiv, wenn Sie bewusst Routinen im Alltag verlassen und andere Möglichkeiten und Wege ausprobieren. Sie unterbrechen damit nicht nur Ihre wiederkehrenden Gedanken, sondern öffnen sich gleichzeitig für andere Perspektiven und neue Ideen.

ÜBUNG

## Täglich neue Wege gehen

Verlassen Sie bewusst Alltagsroutinen, und probieren Sie täglich etwas Neues aus, z. B.:

- eine andere Strecke zum Büro nehmen
- eine U-Bahn-Station früher aussteigen und den Rest zu Fuß gehen
- in einem anderen Supermarkt einkaufen
- in ein anderes Restaurant gehen
- Gangmuster ändern: Gehen Sie rückwärts die Treppe hoch, springen oder hüpfen Sie ein Stück.

## Kleine Routinen ändern

Probieren Sie für einen Tag, einen Handgriff, der Ihnen in Fleisch und Blut übergegangen ist, einmal anders zu machen, z. B.:

- die Wasserflasche mit der anderen Hand öffnen
- die Zahnbürste oder Haarbürste mit der anderen Hand führen
- in die Hose zuerst mit dem anderen Bein steigen

## Sinnesübung »Give me five«

Nutzen Sie einen täglichen Weg, z. B. den zur Arbeit oder durch den Supermarkt, für eine Sinnesübung. Wählen Sie jeweils einen Ihrer Sinne aus: Was hören, sehen, riechen oder spüren Sie?

Machen Sie es sich zum Ziel, mindestens fünf neue Eindrücke von Dingen zu gewinnen, die Ihnen vorher noch nicht aufgefallen sind.

Routinen beruhigen. Aber was wir kennen, nehmen wir oft kaum noch richtig wahr. Veränderungen (z. B. Ihrer Denkgewohnheiten) sind nur möglich, wenn Sie Routinen verlassen. Zusätzlich öffnen Sie sich dadurch für neue Eindrücke und achten auf Dinge, die Sie vorher nicht wahrgenommen haben.

ÜBUNG

## Grübelstuhl

Anstatt Grübelgedanken zu unterbrechen oder eine Distanz zu ihnen herzustellen, dürfen Sie bei dieser Übung grübeln – aber nur, wenn Sie auf einem bestimmten Stuhl sitzen.

Wählen Sie einen Stuhl, der nicht allzu bequem ist, als Ihren »Grübelstuhl« aus.

Erlauben Sie sich explizit, zu grübeln, und setzen Sie sich dazu auf den Stuhl. Nur, wenn Sie auf diesem Stuhl sitzen, ist Grübeln erlaubt.

Stehen Sie wieder auf, wenn Sie fertig sind oder Ihnen langweilig geworden ist. Sobald Sie den Stuhl verlassen haben, ist Grübeln verboten!

# Grübeltermin

## Variante 1

Auch bei dieser Übung erlauben Sie sich explizit, zu grübeln – aber nur zu einem festen Termin.

Legen Sie eine Uhrzeit für Ihren Grübeltermin fest, z. B. täglich um 18 Uhr. Nur zu diesem Termin ist Grübeln erlaubt.

Beenden Sie Ihren Grübeltermin, wenn Sie so weit sind, mit einem kleinen Ritual (z. B. einem tiefen Atemzug). Damit geben Sie sich das Signal, dass ab jetzt Grübeln wieder verboten ist.

Sollten im Alltag Grübelgedanken auftauchen, verschieben Sie diese auf Ihren persönlich eingeplanten Grübeltermin. Sagen Sie sich z. B.: »Ich kümmere mich um diesen Grübelgedanken heute Abend um 18 Uhr.«

## Variante 2

Begrenzen Sie Ihre Zeit auf dem Grübelstuhl oder Ihren Grübeltermin, z. B. auf 5 Minuten (Wecker stellen!).

## Variante 3

Sind Ihre Gedanken zwischendurch so hartnäckig, dass sie sich nicht auf den Grübeltermin verschieben lassen, setzen Sie sich zumindest auf Ihren Grübelstuhl, während Sie ihnen nachgehen.

## Variante 4

Gut bewährt hat sich auch, den Grübeltermin mit einer aktiven Tätigkeit zu verbinden, z. B. Joggen, Walken oder Spazierengehen. Verschieben Sie Ihre Grübelgedanken auf Ihre nächste Joggingrunde oder den nächsten Spaziergang.

Mit diesen Übungen durchbrechen Sie das Muster, überall und ständig zu grübeln und das Gedankenkarussell dann nicht mehr anhalten zu können.

Sie erlauben sich zwar weiterhin, zu grübeln, aber nur zu vorher von Ihnen festgelegten Bedingungen. Sie gewinnen auf diese Weise mehr Kontrolle über Ihre Gedanken.

Gut
für sich
sorgen - einen
Gegenpol zu ne-
gativen Gedanken
aufbauen

# »Da es sehr förderlich für die Gesundheit ist, habe ich beschlossen, glücklich zu sein.«

*Voltaire*

In diesem Kapitel bekommen Sie viele Anregungen, wie Sie einen fürsorglichen Umgang mit sich selbst pflegen können, um Ihre Resilienz zu stärken und zu mehr Zufriedenheit und Gelassenheit zu finden.

Negative, belastende Gedanken und Grübeln entstehen oder verstärken sich insbesondere, wenn es Ihnen nicht gut geht. Deshalb ist es wichtig, täglich gut für sich zu sorgen. Damit können Sie einen starken Gegenpol aufbauen, um schlechter Stimmung, Stress und Niedergedrücktheit bereits im Vorfeld entgegenzuwirken.
Es gibt viele verschiedene Möglichkeiten, sich selbst etwas Gutes zu tun, z. B.:

- Führen Sie regelmäßige Atemmeditationen (siehe Seite 42) durch. Planen Sie dafür eine feste Zeit und mindestens zehn Minuten ein. Setzen Sie sich auch Erinnerungssignale für kurze Atemmeditationen, z. B. rote Ampeln.
- Erlernen Sie eine Entspannungsmethode wie Autogenes Training oder Progressive Muskelentspannung.

- Praktizieren Sie Yoga, Qi-Gong oder Ähnliches.
- Bringen Sie mehr Achtsamkeit in Ihren Alltag.
- Gönnen Sie sich eine Massage oder andere Wellness-Anwendungen.

Darüber hinaus haben wissenschaftliche Studien gezeigt, dass insbesondere eine achtsame Ausrichtung auf **Dankbarkeit** und **Wertschätzung** sowie eine **positive innere Haltung** die Resilienz stärken und zu innerer Zufriedenheit und Gelassenheit führen. Dabei unterstützen Sie die folgenden Übungen.

# Selfcare-Übungen

## DANKBARKEIT

Dankbarkeit entsteht, wenn Sie sich bewusster sind, was Sie haben, als, was Sie nicht haben.

ÜBUNG

## Dankbarkeit kultivieren

Erinnern Sie sich jeden Abend an mindestens drei Dinge, Situationen oder Menschen, für die Sie Dankbarkeit empfinden können.

Wenn Sie möchten, schreiben Sie dies in einem schönen Notizbuch auf, und machen Sie daraus Ihr persönliches »Dankbarkeitsbuch«.

Unterstützen Sie das positive Gefühl der Dankbarkeit mit einer kurzen Mantra-Meditation: Beim Einatmen sagen Sie sich »Ich danke«, beim Ausatmen »für diesen Moment«.

## Danke!

Überlegen Sie sich, welcher Person Sie schon immer einmal sagen wollten, wie sehr Sie sie schätzen, z. B. für ihre Hilfsbereitschaft, Loyalität oder Freundlichkeit.

Sagen Sie ihr einfach »Danke!«. Das können Sie persönlich, per Notizzettel oder auch still im Geist machen.

Dankbarkeit ist ein sehr starkes positives Gefühl. Mit Übungen zur Dankbarkeit praktizieren Sie einen fürsorglichen und achtsamen Umgang mit sich selbst und stärken Ihre Resilienz. Sie nehmen eine positive Grundhaltung ein, die sich auch auf Ihre Mitmenschen auswirkt.

## WERTSCHÄTZUNG

Wertschätzung besteht aus zwei Komponenten: Selbstwertschätzung und Fremdwertschätzung. In der Regel können wir anderen leichter Wertschätzung entgegenbringen und sie von ihnen annehmen. Dabei sind wir aber von unseren Mitmenschen abhängig. Manchmal gibt es Situationen, in denen wir von anderen nicht die Wertschätzung erhalten, die wir uns wünschen. Deshalb geht es bei der Stärkung der Selbstfürsorge insbesondere auch darum, die Selbstwertschätzung zu fördern.

**ÜBUNG**

## Würdigen, was gut war

Nehmen Sie sich am Abend ca. 15 Minuten Zeit, und erinnern Sie sich möglichst lebendig an drei angenehme oder schöne Situationen, die Sie an diesem Tag erlebt haben.

Überlegen Sie dann, was Ihr Anteil an der jeweiligen Situation war, was Sie zu ihrem Zustandekommen beigetragen haben.

Wenn Sie möchten, notieren Sie sich diese Situationen und Ihren Anteil daran in einem schönen Notizbuch. So können Sie immer wieder darauf zurückgreifen, wenn es Ihnen einmal nicht so gut geht.

## Loben Sie sich

Vielleicht fällt Ihnen beim Lesen des Übungstitels sofort der Satz ein: »Eigenlob stinkt.« Aber wer sagt das? Mit welcher Begründung? Im Gegenteil ist, sich selbst zu loben, eine wichtige Voraussetzung für die eigene Zufriedenheit. Gleichzeitig werden Sie unabhängiger von der Meinung anderer und damit selbstsicherer.

Klopfen Sie sich selbst auf die Schulter – wirklich oder in Ihrer Vorstellung –, wenn Sie etwas erledigt oder erreicht haben.

Sagen Sie sich dazu: »Das habe ich gut gemacht!«

# Freundliche Worte

Die Menschen in Ihrer Umgebung können sich glücklich schätzen, wenn Sie diese Übung durchführen.

Machen Sie einmal am Tag einer Person, die Ihnen nahesteht (Familienmitglied, Freund/Freundin, Kollege/Kollegin), ein echtes Kompliment.
Je spezifischer das Kompliment ist, desto besser (z. B.: »Es gefällt mir, mit welcher Freundlichkeit du Anrufe entgegennimmst«).

Werden auch Sie sich der Komplimente bewusst, die andere Ihnen machen, und nehmen Sie achtsam wahr, ob Sie sie annehmen können.

Wissenschaftliche Studien haben gezeigt, dass Wertschätzung für sich und andere uns innere Kraft und Stabilität gibt und somit einen starken Gegenpol zu negativen Gedanken bildet. Insbesondere Selbstwertschätzung ist eine zentrale Kompensationsmöglichkeit bei Belastungen und ein wichtiger Faktor zur Stärkung der eigenen Resilienz.

## POSITIVE INNERE HALTUNG

Gerade, wenn wir in negativen Denkschleifen oder Grübeleien gefangen oder anderweitig gestresst sind, neigen wir dazu, Negatives besonders stark zu beachten und intensiver wahrzunehmen. Die folgenden Übungen unterstützen Sie dabei, eine positive innere Haltung einzunehmen.

### ÜBUNG

## Tagesschätze heben

Richten Sie, sooft es Ihnen möglich ist, Ihre Aufmerksamkeit auf positive Dinge, die Ihnen widerfahren, und nehmen Sie bewusst wahr, wenn Sie sich gerade gut fühlen.

Versuchen Sie, genau dann innezuhalten und, so intensiv es Ihnen möglich ist, die Situation mit allen Sinnen (Sehen, Hören, Fühlen, Riechen, Schmecken) zu empfinden.

Je häufiger Sie diese Übung durchführen und je intensiver Ihre Sinneseindrücke dabei sind, desto leichter wird es Ihnen fallen, auch in stressigen Situationen eine positive Grundstimmung beizubehalten.

# »Bitte lächeln!«

Unsere Körperhaltungen und -bewegungen hängen eng mit unserer Stimmung zusammen. Sie können sich gegenseitig beeinflussen. Dies gilt auch für die Mimik. Bei dieser Übung verhilft Ihnen allein Ihr Gesichtsausdruck dazu, sich immer wieder positiv auszurichten.

Bitte lächeln Sie, sooft es Ihnen möglich ist – auch, wenn Ihnen vielleicht gerade gar nicht danach zumute ist.

Schreiben Sie auf einen oder auch mehrere Zettel »Bitte lächeln!«, und hängen Sie diese an Plätze Ihrer Wahl (z. B. Badezimmerspiegel, Kühlschrank, Computerbildschirm, Auto).

Zaubern Sie jedes Mal, wenn Ihr Blick auf einen der Zettel fällt, ein zartes Lächeln in Ihr Gesicht. Es darf so leicht sein, dass nur Sie die Bewegung Ihrer Gesichtsmuskulatur bemerken.

Nehmen Sie achtsam wahr, ob und wie sich Ihre Stimmung ändert.

Das Augenmerk auf angenehme Dinge zu richten und sich inner-lich immer wieder positiv auszurichten, fördert ganz generell das Wohlbefinden und die Gesundheit. Gleichzeitig reduzieren sich schlechte Stimmung, Niedergeschlagenheit und Stress. In der Folge kommt es auch immer weniger zu negativen Denkschleifen und Grübelgedanken.

# Übungen und Tipps bei Schlafstörungen

# »Das höchste Gut ist die Harmonie der Seele mit sich selbst.«

*Seneca*

In diesem Kapitel finden Sie spezielle Übungen und Tipps, wie Sie wieder zu einem erholsamen Schlaf finden können.

Schlaflosigkeit und Schlafstörungen sind sehr verbreitet. Die Gründe dafür können unterschiedlich sein. Sollten Sie unter lang anhaltenden Schlafstörungen leiden oder unsicher sein, was der Grund dafür ist, empfehle ich Ihnen eine Abklärung durch einen Arzt.

Eine Ursache für Schlafstörungen können negative Denkschleifen und Grübeln sein. Die Gedanken kreisen und lassen Sie keine Ruhe finden. Oder Sie wachen nachts auf und können nicht mehr einschlafen, weil negative oder sorgenvolle Gedanken Ihnen einfach nicht aus dem Kopf gehen wollen.

Prinzipiell eignen sich alle Übungen aus den vorangegangenen Kapiteln (außer den Anti-Grübel-Aktivitäten) dazu, die Gedanken zu beruhigen und einen erholsamen Schlaf zu ermöglichen. Die folgenden Übungen haben sich aber ganz besonders bei Schlafstörungen bewährt. Zusätzlich gebe ich Ihnen noch hilfreiche praktische Tipps, wie Sie Ihren Schlaf verbessern können.

# Einschlafstörungen

Bei Einschlafstörungen sind insbesondere Atem- und Visualisierungsübungen hilfreich. Mit Atemübungen können Sie direkt Ihr vegetatives Nervensystem beruhigen, das mit seinem »Beruhigungsnerv«, dem Parasympathikus, für innere Ruhe, Regeneration und Schlafanbahnung sorgt. Visualisierungsübungen helfen, belastende Gedanken zu stoppen und loszulassen, sodass Sie gedanklich zur Ruhe kommen.

# Entspannte Bauchatmung

Legen Sie sich auf den Rücken, und lassen Sie beide Hände entspannt auf Höhe des Nabels auf dem Unterbauch ruhen.

Richten Sie Ihre ganze Aufmerksamkeit in Ihre Hände, und spüren Sie der Bewegung der Bauchdecke nach, die sich beim Einatmen hebt und beim Ausatmen wieder senkt. Sie können sich auch vorstellen, in Ihre Hände hineinzuatmen.

Lassen Sie den Atem einfach fließen, ohne ihn kontrollieren zu wollen, und nehmen Sie auch die kurze Pause wahr, die sich nach jedem Atemzug ganz automatisch einstellt.

Vielleicht können Sie anfangs keine oder nur eine ganz leichte Bewegung der Bauchdecke wahrnehmen. Das kann daran liegen, dass Sie es nicht gewohnt sind, in den Bauch zu atmen. Viele Menschen atmen aufgrund des schnellen und hektischen Alltags eher flach und in den Brustkorb.

# Entspannte Bauchatmung mit geistiger Notiz oder Atemzügezählen

### Variante 1

Kombinieren Sie die entspannte Bauchatmung mit einer »geistigen Notiz« (siehe Seite 46), z. B.: »Ich atme ein. Ich atme aus.«
Beim Einatmen sagen Sie sich also gedanklich den Satz: »Ich atme ein«, und beim Ausatmen sagen Sie sich gedanklich den Satz: »Ich atme aus.«

Oder: »Ich bin ganz ruhig.«
Beim Einatmen sagen Sie sich also gedanklich die Worte: »Ich bin …«, und beim Ausatmen sagen Sie sich gedanklich die Worte: »… ganz ruhig«.

### Variante 2

Zählen Sie bei der entspannten Bauchatmung Ihre Atemzüge (siehe Seite 48).

# Verlängerte Ausatmung

Gerade die Ausatmung spricht den Parasympathikus an und beruhigt das vegetative Nervensystem. Die folgende Übung hilft Ihnen, die Ausatmung zu verlängern, um einen ruhigen und entspannten Atemrhythmus zu finden.

Öffnen Sie Ihre Lippen nur ganz leicht, und pressen Sie die Luft beim Ausatmen sanft durch den winzigen Spalt wieder hinaus.

Zählen Sie beim ersten Ausatmen bis drei (1, 2, 3).

Zählen Sie beim nächsten Ausatmen bis vier (1, 2, 3, 4).

Steigern Sie sich schrittweise, bis Sie mit der Ausatmung bei acht angekommen sind.

Dann beginnen Sie wieder von vorn und zählen bei der Ausatmung zunächst bis drei.

Sie können die Übung so oft wiederholen, bis Sie innerlich ruhig oder müde geworden sind. Wichtig ist, dass Sie Ihre Aufmerksamkeit auf die Ausatmung richten. Die Einatmung läuft ganz automatisch, ohne weiteres Zutun, durch Nase oder Mund.

Speziell die Bauchatmung und die Verlängerung der Ausatmung führen zu einer tiefen, entspannten Atmung, die den Beruhigungsnerv Parasympathikus anspricht, das vegetative Nervensystem entspannt und somit die Schlafanbahnung unterstützt. Visualisierungsbilder helfen zusätzlich, das Gedankenkarussell anzuhalten.

ÜBUNG

# Visualisierungsübungen

Hier denken Sie vielleicht sofort ans Schäfchenzählen. Um beim Einschlafen gedanklich zur Ruhe zu kommen, haben sich aber insbesondere die folgenden Vorstellungsbilder bewährt.

## Variante 1

Schicken Sie alle Personen, die Sie beschäftigen (z. B. Arbeitskollegen, Chef, Partner/Partnerin), was Sie am Einschlafen hindert, gedanklich aus dem Schlafzimmer, und schließen Sie in Ihrer Vorstellung mit Nachdruck die Tür hinter ihnen.

## Variante 2

Versehen Sie gedanklich eine Schublade mit der Aufschrift »morgen«. Öffnen Sie diese, und legen Sie dort Ihre Gedanken hinein. Dann schieben Sie die Schublade fest zu.

## Variante 3

Auch alle Vorstellungsbilder aus den Grübelunterbrechern (siehe Seite 79) sowie aus den Distanzübungen (siehe Seite 95) sind geeignet, um abends zur Ruhe zu kommen.

# Nächtliches Aufwachen/ Durchschlafstörungen

Wenn Sie nachts aufwachen und nicht gleich wieder einschlafen können, sind alle oben genannten Übungen für Einschlafstörungen hilfreich. Ich möchte Ihnen noch ein paar zusätzliche Tipps geben, die Ihnen helfen, durchzuschlafen bzw. schnell wieder einzuschlafen.

- Legen Sie sich Zettel und Stift ans Bett. Schreiben Sie Gedanken, die Sie nicht loslassen können oder bei denen Sie Angst haben, sie zu vergessen, auf.

Wenn Sie nachts wach werden, sollten Sie möglichst:

- sich keinem hellen Licht aussetzen,
- nichts essen,
- nicht auf die Uhr schauen.

Sollte die Wachphase trotz Atem- und Visualisierungsübungen länger andauern, grübeln Sie nicht weiter im Bett, sondern stehen Sie auf, und tun Sie sich etwas Gutes, z. B.:

- Machen Sie sich einen Kräutertee oder eine heiße Milch.
- Lesen Sie ein Buch, das Ihnen guttut.
- Hören Sie Musik, die beruhigend auf Sie wirkt.
- Auf gar keinen Fall sollten Sie sich auch noch Vorwürfe dafür machen, dass Sie nicht schlafen können, oder Sorgen, wie Sie den nächsten Tag unausgeschlafen meistern sollen. Diese Gedanken sind zwar nachvollziehbar, führen aber erst recht nicht in die innere Ruhe.

Hilfreich ist es, eine achtsame Haltung im Hier und Jetzt einzunehmen. Sagen Sie sich z. B.: »Jetzt schlafe ich nicht, sondern lese ein Buch.« Bleiben Sie freundlich und fürsorglich sich selbst gegenüber. Dabei können Sie sich z. B. sagen: »Gerade, weil ich nicht schlafen kann, tue ich mir etwas Gutes.«

Abraten würde ich Ihnen von Fernsehen und Lesen am Bildschirm, da die flimmernden Bilder das vegetative Nervensystem eher anregen, statt es zu beruhigen.

# Tipps zur Schlafhygiene

Eine gute Schlafhygiene ist wichtig. Mit den einfach umzusetzenden Tipps können Sie aktiv zur Verbesserung Ihres Schlafes beitragen.

**Schlafzeiten:** Halten Sie sich an regelmäßige nächtliche Schlafzeiten. Die Zeiten des Zubettgehens und Aufstehens sollten auch am Wochenende (mit einer maximalen Abweichung von 30 Minuten) eingehalten werden.
Tagsüber sollten Sie möglichst nicht schlafen. Holen Sie Ihren Schlaf auch nicht tagsüber nach, wenn Sie nachts nicht schlafen konnten. Eine halbstündige Ruhepause am frühen Nachmittag ist aber erlaubt.

**Schlafumgebung:** Die Schlafumgebung sollte angenehm sein: Ein ruhiger, abgedunkelter Raum mit 15 bis 18 Grad Celsius ist optimal. Entfernen Sie störende Einflüsse wie vermeidbare Geräusch- oder Lichtquellen.
Vermeiden Sie Elektrogeräte am Bett. Das Handy oder ein elektrischer Wecker sollten nicht im Schlafzimmer liegen.
Im Bett sind Arbeiten und Fernsehen tabu.

**Abendessen:** Essen Sie drei Stunden vor dem Zubettgehen keine schweren, üppigen, fettreichen Speisen mehr.

**Alkohol:** Alkohol beeinträchtigt die Schlafqualität stark. Trinken Sie deshalb drei Stunden vor dem Zubettgehen keinen Alkohol mehr.

**Kaffee und koffeinhaltige Getränke:** Verzichten Sie konsequent ab dem Mittagessen, spätestens nach 14 Uhr, auf Kaffee und andere koffeinhaltige Getränke.

**Nikotin:** Auch Nikotin beeinträchtigt die Schlafqualität. Sie sollten deshalb nach 19 Uhr nicht mehr rauchen.

**Sport und körperliche Aktivität:** Eine regelmäßige körperliche Aktivität bzw. Sport ist sehr gesund und auch hilfreich bei Schlafstörungen. Allerdings sollten Sie hohe körperliche Anstrengungen nach 18 Uhr vermeiden, denn diese schalten das vegetative Nervensystem auf den Sympathikus, den »Aktivierungsnerv«, um.

**Zubettgehritual:** Planen Sie einen sanften Übergang vom Alltagstrubel in die Nachtruhe ein, auch wenn Sie spät von der Arbeit kommen. Schaffen Sie sich ein angenehmes persönliches Zubettgehritual.

# Nachwort

## LIEBE LESERIN, LIEBER LESER,

ich hoffe, das Buch hat Ihnen kraftvolle Impulse gegeben und Sie konnten inzwischen im Alltag zu mehr gedanklicher Ruhe und Entspannung finden.

Freuen würde ich mich auch, wenn Sie aus der Vielzahl an Übungen die für Sie richtigen und effektiven finden konnten, die Ihre bisherigen Denkgewohnheiten verändert und Ihr Leben vielleicht sogar schon deutlich bereichert und erleichtert haben.

Setzen Sie sich bitte nicht unter Druck, wenn Sie ab und zu noch in Ihre alten Denkgewohnheiten verfallen oder in den Grübelmodus einsteigen. Das ist ganz normal. Verlieren Sie nicht die Geduld mit sich, und praktizieren Sie die Übungen regelmäßig weiter. Denkgewohnheiten zu verändern, ist vergleichbar mit dem Erlernen einer neuen Sportart oder eines Musikinstruments: Die Übung macht den Meister! Der Erfolg und letztlich auch mehr Lebensfreude werden sich bei Ihnen, genau wie bei meinen Klienten und Kursteilnehmern, über kurz oder lang einstellen.

Wenn Sie Anregungen zu diesem Buch haben oder mir von Ihren Erfahrungen bei der Durchführung der Übungen berichten möchten, freue ich mich über eine E-Mail an info@christine-wunderlich-coaching.de.

Mit meinen besten Wünschen für Sie

Ihre
**Christine Wunderlich**

# Literatur

Bays, J. C.: Achtsam durch den Tag – 53 federleichte Übungen zur Schulung der Achtsamkeit. Windpferd, 3. Auflage 2013

Eckert, M.; Tarnowski, T.: Stress- und Emotionsregulation – Trainingsmanual zum Programm »Stark im Stress«. Beltz 2017

Eismann, G.; Lammers, C.-H.: Therapie-Tools Emotionsregulation. Beltz 2017

Esch, T.; Esch, S. M.: Stressbewältigung – Mind-Body-Medizin, Achtsamkeit, Selbstfürsorge. Medizinisch Wissenschaftliche Verlagsgesellschaft, 2. Auflage 2016

Hagena, S.; Gebauer, M.: Therapie-Tools Angststörungen. Beltz 2014

Handrock, A.; Zahn, C. A.; Baumann, M.: Schemaberatung, Schemacoaching, Schemakurzzeittherapie. Beltz 2016

Harp, D.: Achtsamkeit To Go – Meditationen für Menschen auf dem Sprung. Goldmann 2014

Harris, R.: Raus aus der Glücksfalle – Ein Umdenkbuch in Bildern. Kösel, 2. Auflage 2014

Hoffmann, U.: Mini-Meditationen. Gräfe und Unzer 2014

Kabat-Zinn, J.: Gesund durch Meditation – Das große Buch der Selbstheilung mit MBSR. Knaur, vollständig überarbeitete Neuausgabe 2013

Mannschatz, M.: Mit Buddha zu innerer Balance – Wie Sie aus der Achterbahn der Gefühle aussteigen. Gräfe und Unzer 2011

Potreck-Rose, F.; Gitte, J.: Selbstzuwendung, Selbstakzeptanz, Selbstvertrauen – Psychotherapeutische Interventionen zum Aufbau von Selbstwertgefühl. Klett-Cotta »Leben lernen«, 11. Auflage 2018

Schneider, M.: Stressfrei durch Meditation – Das MBSR-Kursbuch nach der Methode von Jon Kabat-Zinn. O. W. Barth 2012

Schwab, B. L.: Das Anti-Grübel-Buch – Gedankenzähmen für Einsteiger: BoD 2018

Schweppe, R.; Long, A.: Füttere den weißen Wolf – Weisheitsgeschichten, die glücklich machen. Kösel 2016

Schugg, S.: Therapie-Tools Achtsamkeit – Materialien für Gruppen- und Einzelsetting. Beltz 2016

Sedlmeier, P.: Die Kraft der Meditation – Was die Wissenschaft darüber weiß. Rowohlt 2016

Strossahl, K. D.; Robinson, P. J.: In diesem Moment – Stress überwinden und achtsam werden – Das 5-Stufen-Programm neurowissenschaftlich belegt. TRIAS, Georg Thieme 2016

Teismann, T.: Grübeln – Wie Denkschleifen entstehen und wie man sie löst. BALANCE ratgeber, 3. korrigierte Auflage 2018

Tolle, E.: Leben im Jetzt. Goldmann, 5. Auflage 2014

Wengenroth, M.: Therapie-Tools Akzeptanz- und Commitmenttherapie (ACT). Beltz, 2. Auflage 2017

Wilken, B.: Methoden der Kognitiven Umstrukturierung – Ein Leitfaden für die psychotherapeutische Praxis. Kohlhammer Urban, 6. Auflage 2013

# Über die Autorin

Christine Wunderlich ist Heilpraktikerin für Psychotherapie und Achtsamkeitstrainerin in eigener Praxis bei Nürnberg. Sie gibt auch Trainings in Unternehmen und ist Dozentin in der Heilpraktiker-ausbildung für Psychotherapie. Bei vielen ihrer Klienten stellte sie fest, dass Grübeln ein Hauptgrund für mangelnde Lebensfreude darstellt. Daher entwickelte sie ein großes Repertoire an Techniken, die dabei helfen, gesundheitsfördernd mit den eigenen Gedanken umzugehen.

www.christine-wunderlich-coaching.de

**Hinweis:** Starkes und lang anhaltendes Grübeln kann mit einer depressiven Symptomatik oder starken Angstgefühlen einhergehen. Sollten Sie durch diese einen starken Leidensdruck verspüren und/oder in Ihrem Alltag stark beeinträchtigt sein, rate ich Ihnen, sich professionelle Hilfe zu holen. Wenden Sie sich an Ihren Hausarzt, einen Therapeuten oder eine psychologische Beratungsstelle.

# Übungsver-
# zeichnis

Achtsame Wege.................................................................S. 66
Achtsamer Spaziergang in der Natur.............................S. 70
Achtsamer Tagesbeginn...................................................S. 58
Achtsamkeit im Supermarkt...........................................S. 62
Ampelmeditation.............................................................S. 52
Atem-Ankerpunkt finden................................................S. 43
Atemzüge benennen........................................................S. 47
Atemzüge benennen und zählen....................................S. 49
Atemzüge mit einem persönlichen Mantra begleiten....S. 50
Atemzüge zählen.............................................................S. 48
Befürchtungen konsequent zu Ende denken.................S. 31
»Bitte lächeln!«.............................................................S. 138
Dankbarkeit kultivieren................................................S. 132
Danke!............................................................................S. 133
Den Verstand als eigenständiges Wesen betrachten....S. 109
Die Umgebung beschreiben............................................S. 64
Drei Dinge.......................................................................S. 69
Einfach nur essen............................................................S. 74
Entspannte Bauchatmung.............................................S. 144
Entspannte Bauchatmung mit geistiger Notiz
oder Atemzügezählen....................................................S. 145
»Fenster schließen«.........................................................S. 76
Freundliche Worte.........................................................S. 136
Gedanken ganz praktisch loslassen.............................S. 108
Gehmeditation mit Zählen..............................................S. 55
Grübelstuhl....................................................................S. 124

Grübeltermin .................................................. S. 126
Katastrophencheck ........................................ S. 30
»Kein Kommentar« ........................................ S. 93
Kleine Routinen ändern ................................ S. 123
Kosten-Nutzen-Analyse ............................... S. 29
Kurzmeditation »Achtsame Pause« .............. S. 56
Lieblingsgetränk des Tages .......................... S. 72
Loben Sie sich .............................................. S. 135
Magisches Denken ........................................ S. 33
Meditation »Gedanken benennen und vorbeiziehen lassen« ...... S. 102
Nein, danke! ................................................. S. 89
Päckchen packen .......................................... S. 91
PC-Löschtaste .............................................. S. 87
Probieren Sie unterschiedliche Vorstellungsbilder aus .......... S. 107
Realitätscheck .............................................. S. 28
Rollenspiel ................................................... S. 115
Rollenwechsel .............................................. S. 32
Sätze kreativ aufschreiben ........................... S. 113
Schreiben Sie über Ihr Grübelthema ............ S. 112
Schubladen-Denken ..................................... S. 90
Sinnesübung »Give me five« ......................... S. 123
Spammails .................................................... S. 88
Spielerisch mit den Gedanken umgehen ....... S. 110
Stopp-Technik .............................................. S. 86
Tagesschätze heben ...................................... S. 137
Täglich neue Wege gehen ............................. S. 122
Telefonmeditation ........................................ S. 53
Tue, was du tust ........................................... S. 60
Verlängerte Ausatmung ................................ S. 146
Visualisierungsübungen ............................... S. 148
Würdigen, was gut war ................................. S. 134

# Stellen Sie sich MUTIG Ihrer ANGST!

Angst gehört zu unserem Alltag, oft rettet sie uns sogar das Leben. Aber wenn sie sich verselbstständigt, kann sie uns belasten und lähmen. Wie wir unseren Ängsten die Macht nehmen, zeigt die beliebte psychologisch-spirituelle Beraterin und Zen-Meisterin Sandy Taikyu Kuhn Shimu mit diesem Übungsbuch. Damit gelingt es, die eigenen Ängste zu verstehen und dem Leben wieder voller Selbstvertrauen zu begegnen.

Sandy Taikyu Kuhn Shimu
**Angst beginnt im Kopf – Mut auch!**
*Ein Übungsbuch für mehr*
*Selbstvertrauen und Unabhängigkeit*

152 Seiten
ISBN 978-3-8434-1451-7

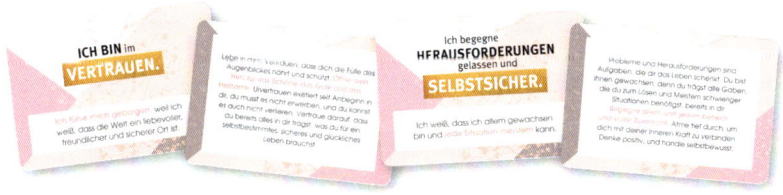

Sandy Taikyu Kuhn Shimu
**Mut – Hab Vertrauen in deine Kraft**
*Impulskarten für ein freies Leben*
*voller Selbstvertrauen*

40 Karten mit Anleitung
ISBN 978-3-8434-9154-9

# Mit der SEELE
## im EINKLANG sein

Ein gelingendes Leben, das heißt Selbstverwirklichung, Freude, Erfüllung und Balance. Wie Sie das erreichen, beleuchten gleich zwei Experten: Der bekannte Koch und Yogalehrer Volker Mehl beschäftigt sich schon seit über zehn Jahren mit den positiven Effekten des Ayurveda. Der erfahrene Psychotherapeut Prof. Dr. med. Matthias R. Lemke arbeitet täglich mit Patienten, die in Lebenskrisen stecken, unter Depressionen, Burn-out oder Angststörungen leiden.

Prof. Dr. med. Matthias R. Lemke & Volker Mehl
**Der Personal Trainer für die Seele**
*Endlich stressfrei mit den besten Tipps*
*aus Ayurveda und Psychotherapie*

200 Seiten
ISBN 978-3-8434-1318-3

Meditation ist einer der schönsten inneren Wege, und Mentalcoach Dennis Möck-Ludwig zeigt, wie wir diesen Weg nicht nur für uns selbst, sondern auch für andere zu einer einzigartigen Erfahrung machen. Er begleitet uns von den Grundlagen der Meditation über inspirierende Innenweltreisen in die tägliche Praxis, etwa mit Tipps zur richtigen Musik- und Duftauswahl.

Dennis Möck-Ludwig
**Innenweltreisen**
*Das Praxisbuch für angeleitete*
*Meditationen und Seelenreisen*

160 Seiten
ISBN 978-3-8434-1383-1

Die Yogalehrerin Ines Leue schenkt uns mit ihren geführten Meditationen und Fantasiereisen in diesem Buch wunderbare Wohlfühlmomente und innere Ruheoasen. Dank der 28 Entspannungstexte können wir auch auf Seelenebene wachsen und uns weiterentwickeln. Denn sie zeigen uns, wie wir Gefühle bedingungslos annehmen, blockierte Chakras lösen, uns dem Moment hingeben und so Ruhe und inneren Frieden finden.

Ines Leue
**An einem ruhigen See …**
*Meditationen und Fantasiereisen*
*zum Vorlesen und Selbstpraktizieren*

176 Seiten
ISBN 978-3-8434-1448-7

Steffen Keim zeigt, wie es uns in drei innere Räume gelingt, neue Kraft für den Alltag zu tanken: Im Gefühlsraum transformieren wir Emotionen, im Klärungsraum werfen wir alten Ballast ab, und im Wunschraum lassen wir unsere Visionen Gestalt annehmen. Dabei bringt uns bewusstes Atmen kombiniert mit Wörtern und inneren Bildern in eine meditative Haltung, in der es leichtfällt, sich zu zentrieren.

Dr. phil. Steffen Ulrich Keim
**Visualisierte Atemreise**
*In drei inneren Räumen Klärung*
*und Stärkung in sich selbst finden*

128 Seiten
ISBN 978-3-8434-1419-7

www.schirner.com

# Danke
## für deine REZENSION

*– Gemeinsam sind wir mehr –*

## Liebe Leserin, lieber Leser,

von Herzen danken wir dir, dass du dieses Buch in den Händen hältst und es bis zum Ende gelesen hast. Das bedeutet uns, dem Schirner Verlag und seinen Autoren, sehr viel. Aus voller Überzeugung und mit Hingabe widmen wir uns seit vielen Jahren Themen, die unser aller Lebensqualität und Bewusstwerdung dienlich sind, und hoffen, einen Beitrag für eine lichtvollere Welt leisten zu können. Wenn dir unsere Arbeit gefällt, möchten wir dich bitten, dir einige Minuten Zeit zu nehmen, um dieses Buch zu rezensieren. Warum? Die meisten Menschen lesen Rezensionen, bevor sie ein Buch kaufen, da sie hierdurch einen Eindruck bekommen, ob und wie der Inhalt des Buches den Leser erreicht hat. Eine kurze Rezension ist dabei ebenso hilfreich wie eine lange, sehr ausführliche. Um es auf den Punkt zu bringen:

## Eine Rezension ist heutzutage die beste Werbung für ein Autorenwerk!

Wenn du den Schirner Verlag und seine Autoren neben dem Buchkauf auch anderweitig unterstützen willst, dann bitten wir dich: Schreibe für jedes Werk eine Rezension – vielleicht als persönliche Leseempfehlung für die Buchhandlung in deiner Nähe oder online, z. B. beim Schirner Verlag. Das wäre nicht nur eine Wertschätzung für die Autoren, sondern kann dazu beitragen, dass die Verkaufszahlen steigen und der Schirner Verlag auch in herausfordernden Zeiten Bestand hat.

## WIE SCHREIBT MAN EINE REZENSION?

Grundsätzlich sollte eine Rezension aus der eigenen, subjektiven Sicht geschrieben werden, da es sich um eine persönliche Meinung handelt. Du kannst in zwei Sätzen deine Gedanken zu dem Buch äußern oder eine längere Rezension verfassen. Falls du nicht weißt, wie du beginnen sollst, hier ein paar Anregungen:

- War das Buch leicht verständlich geschrieben? Wie hat dir die Sprache gefallen? Wie empfandest du die Aufteilung der verschiedenen Themen?

- War es unterhaltsam? War es deiner Meinung nach mit Herzblut und Liebe geschrieben? Wie hat es auf dich gewirkt?

- Hat es dein Herz berührt? Konntest du dich wiederfinden?

- War es tief greifend genug? Hast du viel Neues gelernt?

- Hat es gehalten, was der Titel und die Buchbeschreibung versprochen haben? Hat es deine Erwartungen erfüllt?

- Was macht das Buch besonders? Warum sticht es heraus im Vergleich zu anderen Büchern, die ein ähnliches Thema behandeln?

- Würdest du das Buch weiterempfehlen oder verschenken?

# Bildnachweis

**Bilder von der Bilddatenbank www.shutterstock.com:**

Layoutelemente: Mauer im Hintergrund: #1092422195 (© Tonktiti), Etikett »Übung«: #131870081 (© Eva Kali), Zierblumen: #97491749 (© Bariskina), Mandala: #95216224 (© Real Illusion)

Weitere Bilder: S. 5: #1725825019 (© Sarath maroli), S. 8: #282705149 (© Aleksandr Ozerov), S. 10/11: #117062077 (© Aleksandr Ozerov), S. 13: #626097842 (© biletskiyev-geniy.com), S. 14 Ornament: #169676537 (© Eva Kali), Papier: #97114829 (© R-studio), S. 15: #93200743 (© Dirk Ercken), S.17: #1573391623 (© Yevhenii Chulovskyi), S. 18: #1208379466 (© Jaromir Chalabala), S. 21: #759790483 (© Stone36), S. 23: #482976910 (© LedyX), S. 24/25: #425363098 (© sun ok), S. 27: # 1240061239 (© Nata Bene), S. 29: #1692246943 (© New Africa), S. 30: #556922326 (© Subbotina Anna), S. 32: #573492238 (© Nordroden), S.34/35: #305681948 (© LittlePerfectStock), S.37: #762659692 (© Nong2), S. 39: #617840372 (© everst), S. 40: #154838159 (© RG2), S. 42: #1080604928 (© Jag_cz), S. 47: #403132198 (© Luna Vandoorne), S. 51: #1510165223 (© Microgen), S. 54: #131863598 (© Six Dun), S. 57: #757964935 (© PopTika), S. 61: #1704199705 (© Ester Dobiasova), S. 63: #271586240 (© Minerva Studio), S.65: #475918543 (© IVASHstudio), S. 67: #270477641 (© Creaturart Images), S. 68: #769630960 (© Africa Studio), S. 71: #658633696 (© Trong Nguyen), S. 73: #313783691 (© iravgustin), S. 77: #1010479432 (© S_Photo), S. 78/79: #126499253 (© nevodka), S. 80: #1714780528 (© Serge Yatunin), S.82: #275161592 (© Ivan Kruk), S. 85: #453509407 (© Nuchylee), S. 86: #771429679 (© Suphaksorn Thongwongboot), S. 88: #688801249 (© Production Perig), S. 90: #257329027 (© Fishman64), S. 92: #32294662 (© Oliver Hoffmann), S. 94/95: #1396690091 (© Winston Springwater), S. 97: #1030421269 (© everst), S. 99: #413400673 (© nasidastudio), S. 100: #536781592 (© PanyaStudio), S. 106: #1708679275 (© Marek Mnich), S. 114: #725591773 (© vesna cvorovic), S. 117: #247615078 (© Mike Flippo), S. 118/119: #481603654 (© Daniel Prudek), S. 120: #1438144244 (© kasak-photo), S. 122: #1186236136 (© khak), S. 125: #1038862909 (© Photographee.eu), S. 127: #1643165611 (© sutadimages), S. 128/129: #137368223 (© Lukas Gojda), S. 131: #1116897128 (© New Africa), S. 135: #768625207 (© popcorner), S. 139: #158445599 (© Alliance Images), S. 140/141: #311688584 (© D.Somsup), S. 143: #653166973 (© fiz-kes), S. 147: #710815021 (© Lia Koltyrina), S. 153: #362584388 (© LittlePerfectStock), S.155: #1495611749 (© Cristina Conti), S. 158: #221428027 (© Rasstock)